高等职业教育酿酒技术专业系列教材

U1017695

黄酒微生物技术

葛松涛　胡普信　寿泉洪　编

中国轻工业出版社

图书在版编目（CIP）数据

黄酒微生物技术/葛松涛，胡普信，寿泉洪编．—北京：中国轻工业出版社，2024. 1

高等职业教育酿酒技术专业系列教材

ISBN 978-7-5184-0606-7

Ⅰ.①黄…　Ⅱ.①葛… ②胡… ③寿…　Ⅲ.①黄酒－酿酒微生物－高等职业教育－教材　Ⅳ.①TS262. 4

中国版本图书馆 CIP 数据核字（2015）第 209344 号

责任编辑：江　娟　贺　娜

策划编辑：江　娟　　责任终审：劳国强　　封面设计：锋尚设计

版式设计：锋尚设计　　责任校对：吴大朋　　责任监印：张京华

出版发行：中国轻工业出版社（北京鲁谷东街 5 号，邮编：100040）

印　　刷：北京君升印刷有限公司

经　　销：各地新华书店

版　　次：2024 年 1 月第 1 版第 4 次印刷

开　　本：720 × 1000　　1/16　　印张：9

字　　数：180 千字

书　　号：ISBN 978-7-5184-0606-7　　定价：30. 00 元

邮购电话：010-85119873

发行电话：010-85119832　010-85119912

网　　址：http：//www. chlip. com. cn

Email：club@ chlip. com. cn

版权所有　侵权必究

如发现图书残缺请与我社邮购联系调换

240264J2C104ZBW

高等职业教育酿酒技术专业（黄酒类）系列教材

编 委 会

主 任 胡普信

副主任 寿泉洪

委 员 （按姓氏笔画排序）

孟中法 陈靖显 邹慧君 俞关松 莫新良

葛松涛 潘兴祥 魏桃英 魏瑞锋

前言

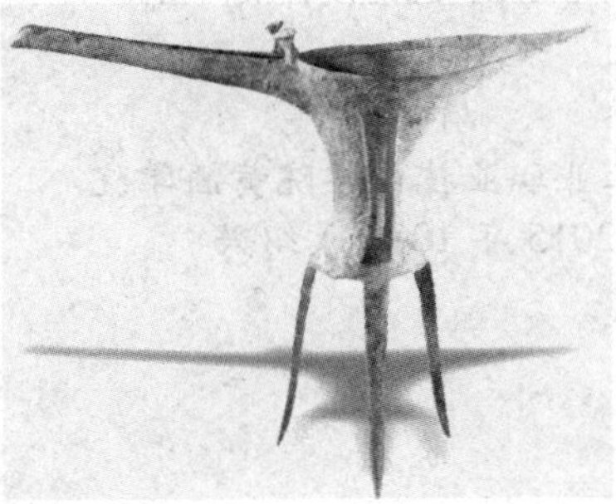

黄酒微生物技术是黄酒酿造中的关键技术之一。其微生物（microorganism）是一些肉眼看不见的微小生物的总称。虽然微生物学的一套基本技术在19世纪后期均已完善，包括显微术、灭菌方法、加压灭菌器（Chamberland，1884）、纯培养技术、革兰染色法（Gram，1884）、培养皿（Petri，1887）和琼脂作凝固剂等，但在黄酒生产上的重视与应用只有数十年时间，从民国时期的实业救国开始，引进西方微生物技术，逐渐被黄酒界所认识与应用，尤其是现代生物工程技术的崛起，使微生物技术更加令人瞩目。因此，黄酒行业对微生物的应用与改造，现在已被大多数黄酒企业所关注和重视。

本教材以典型的黄酒酿造工艺流程为主线，对黄酒生产过程中的相关微生物及生长繁殖机理与分离、培养、筛选、复壮等实践操作方法进行了有针对性的指导与训练，为黄酒行业及酿酒行业的微生物应用，进行了相对合理的知识点选择，各章后都安排了思考题与实训，以此来强化对每章知识点的记忆与实际操作能力的强化。

本书可作为高等职业教育酿酒技术、生物技术及应用等相关专业的教科书与参考书，也可作为酿酒企业技术人员的参考书。

由于微生物工程、发酵工程、生物工程发展迅速，相关的知识点也在不断更新，加之编者水平有限，内容难免有不足之处，恳请读者批评指正。

胡普信
浙江工业职业技术学院黄酒学院
2015 年 10 月于绍兴

目录

001　**第一章　微生物基础知识**
002　第一节　微生物
011　第二节　黄酒中微生物的应用
013　第三节　微生物实验室安全
015　思考题
016　实训一　实验室安全教育
018　拓展阅读　机会总是偏爱有准备的头脑

021　**第二章　黄酒酿造中的主要微生物**
022　第一节　细菌
033　第二节　酵母
038　第三节　霉菌
044　思考题
045　实训二　微生物的制片与显微镜的使用
048　实训三　细菌的简单染色和革兰染色
050　拓展阅读　“好奇号”火星车携带数以万计的微生物

053　**第三章　微生物的营养与生长**
054　第一节　微生物的营养与运输
063　第二节　微生物的生长
068　第三节　微生物的生长调控
073　思考题
073　实训四　黄酒酵母细胞数、死亡率和出芽率的测定
077　拓展阅读　黄酒酿造中培养基的应用

079　**第四章　灭菌与无菌操作**

080 第一节　灭菌
086 第二节　无菌室使用与无菌操作
088 思考题
089 实训五　实验室培养基的配制
093 实训六　无菌室的使用与接种技术
098 实训七　纯种分离技术
101 拓展阅读　黄酒发酵过程中染菌处理

105 **第五章　黄酒微生物菌种管理**
106 第一节　菌种选育
110 第二节　黄酒微生物的衰退和分离复壮
112 第三节　微生物的保藏
114 思考题
115 实训八　黄酒酵母菌种保藏（酒药法和纯种酵母保藏）
118 实训九　纯种曲霉保藏
119 拓展阅读　基因工程

121 **第六章　黄酒微生物的检测**
122 第一节　镜检
124 第二节　平皿检测
126 第三节　发酵检测
128 思考题
128 实训十　黄酒成品酒中菌落总数测定
131 实训十一　黄酒中大肠杆菌菌群数测定
133 拓展阅读　食品卫生与安全

135 **参考文献**

第一章 微生物基础知识

第一节 微生物

在生命世界中，各种生物的体形大小相差极大，植物中的红杉高达350m，动物中的蓝鲸长达34m，而目前知道的最小微生物是病毒，如细小病毒的直径只有20nm。衡量微生物大小的单位是μm（$1m = 10^6 μm$）或nm（$1m = 10^9 nm$）。球菌的直径是0.5μm，因此80个球菌“肩并肩”地排列成横队，也只有一根头发丝的宽度。杆菌的长度约2μm，故1500个杆菌头尾衔接起来仅有一颗芝麻长。

微生物是指所有形体微小，单细胞或结构简单的多细胞，或没有细胞结构的一群最低等的生物。微生物是无所不在的物种，布满在自然界、动植物及人体，如纸币的表面（图1－1），键盘鼠标的表面附着大量的微生物（图1－2），不过因其极为微小，看不见，摸不着。因此，必须用显微镜放大几百倍、上千倍，乃至用电子显微镜放大数万倍、上百万倍才能看清。

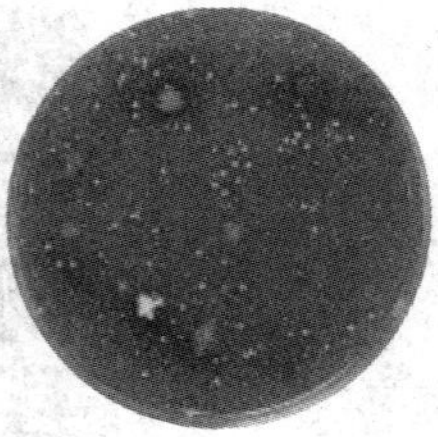

图1－1 纸币上的菌落数

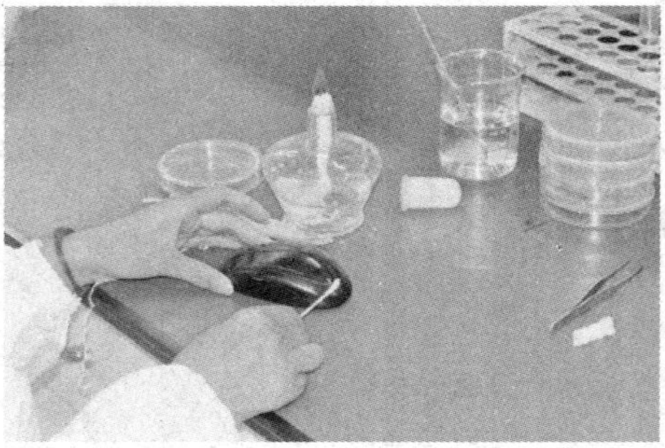

图1－2 测定鼠标上的菌落数

人体正常微生物与生俱来，伴随终生。微生物虽然微小，但数量庞大，一个人排出的粪便中，微生物约占干粪重量的40%，人从出生后就生活在有菌环境中，因此，皮肤以及与外界相通的腔道，如口腔、鼻咽腔、肠道、泌尿生殖道均有大量各类微生物寄居，成为人体不可缺少的一部分。一般情况下寄居在人体的正常微生物从对人体无害反有益，当然，在特定条件下也可致病。

一、微生物的分类与命名

1. 微生物的分类

整个微生物家族的成员包括三大类：非细胞类微生物、原核细胞类微生物、真核细胞类微生物。非细胞类微生物指无细胞结构，不能独立生活的微生物，如病毒和亚病毒（类病毒和朊病毒等）；原核细胞类微生物指细胞核无核膜包裹，只有被称为核区的裸露DNA的原始单细胞生物如细菌、放线菌、支原体等；真核细胞类微生物指具有核膜，能进行有丝分裂，细胞质中存在线粒体等细胞器的生物，如真菌（酵母菌、霉菌及蕈菌）、原生动物和单细胞藻类等。

2. 微生物的命名

微生物的命名采用瑞典植物学家林奈（Linnaeus，1707—1778）建立的双名制学名。

$$\text{学名}=\frac{\textit{属名+ 种名}}{\text{斜体字}}+\frac{\text{符号 subsp. 或 var.}}{\text{正体字（可省略）}}+\frac{\textit{亚种或变种的加词}}{\text{斜体}}$$

双命名法包括属名和种名，属名在前，字首大写，种名在后，字首小写。有时在种名后还有附加部分。属名规定了微生物的主要形态特征和生理特征等，而种名往往补充说明微生物的颜色性状和用途等次要特征，如枯草芽孢杆菌（*Bacillus subtilis*）。

二、微生物在生物界中的地位

1. 生命的进化

生命的进化经历了几个重要阶段，最初的生命应是非细胞形态的生命，在细胞出现之前，必须有个“非细胞”或“前细胞”的阶段。病毒就是一类非细胞生物。

从非细胞到细胞是生物发展的第二阶段。早期的细胞是原核细胞，早期的生物称为原核生物（细菌、蓝细菌）。原核细胞构造简单，没有核膜，没有复杂的细胞器。

从原核到真核是生物发展的第三阶段。真核细胞具有核膜，整个细胞分化为细胞核和细胞质两个部分：细胞核内具有复杂的染色体结构，成为遗传中心；细胞质内具有复杂的细胞器结构，成为代谢中心。由核质分化的真核细胞，其机体水平远远高于原核细胞。

因此，有人认为生命的共同祖先是一个原生物。原生物在进化过程中产生两个分支，一个是原核生物（细菌和古菌），一个是原真核生物（后经吞食一个古菌，产生真核生物）。从进化的角度，微生物是一切生物的老前辈。

2. 微生物在生物界中的地位

人类在发现和研究微生物之前，把一切生物分成截然不同的两大界——动物界和植物界。随着人们对微生物认识的逐步深入，从两界系统经历过三界系统、四界系统、五界系统甚至六界系统，直到20世纪70年代后期，美国人Woese等发现了地球上的第三种生命形式——古菌，才导致了生命三域学说的诞生。该学说认为生命是由古菌域（Archaea）、细菌域（Bacteria）和真核生物域（Eukarya）所构成。

老子在《道德经》里讲到：道生一，一生二，二生三，三生万物。比老美提出三界说早了好几千年，因此老子是一位杰出的微生物学家。

古菌域包括嗜泉古菌界（Crenarchaeota）、广域古菌界（Euryarchaeota）和初生古菌界（Korarchaeota）；细菌域包括细菌、放线菌、蓝细菌和各种除古菌以外的其他原核生物；真核生物域包括真菌、原生生物、动物和植物。除动物和植物以外，其他绝大多数生物都属微生物范畴。由表 1－1 可见，微生物在生物界中占有特殊重要的地位。

表 1－1　微生物在生物界中的地位

生物界名称	主要结构特征	微生物类群名称
病毒界	无细胞结构，大小为纳米（nm）级	病毒、类病毒等
原核生物界	为原核生物，细胞中无核膜与核仁的分化，大小为微米（μm）级	细菌、蓝细菌、放线菌、支原体、衣原体、立克次体、螺旋体等
原生生物界	细胞中具有核膜与核仁的分化，为大、小型真核生物	单细胞藻类、原生动物等
真菌界	单细胞或多细胞，细胞中具核膜与核仁的分化，为小型真核生物	酵母菌、霉菌、蕈菌等
植物界	细胞中具核膜与核仁的分化，为大型非运动真核生物	—
动物界	细胞中具核膜与核仁的分化，为大型能运动真核生物	—

三、微生物的特点

1. 体积小，面积大

常识告诉我们，把一定体积的物体分割得越小，它们的总表面积就越大，物体的表面积和体积之比称为比表面积。如果把人的比表面积值定为 1，则大肠杆菌的比表面积值竟高达 30 万。体积小、面积大是微生物最基础的特性，也是与一切大型生物相区别的关键所在。

2. 吸收多，转化快

由于微生物的比表面积大得惊人，所以与外界环境的接触面特别大，这非常有利于微生物通过体表吸收营养和排泄废物，“胃口”大得惊人，“排泄”得也特别厉害。而且，微生物的食谱又非常广泛，凡是动植物能利用的营养，微生物都能利用，大量的动植物不能利用的物质，甚至是剧毒的物质，微生物照样可以视为美味佳肴。如大肠杆菌在合适条件下，每小时可以消耗相当于自身重量 2000 倍的糖，而人体则需要 40 年之久。

我们可以利用微生物这个特性，发挥“微生物工厂”的作用，使大量基质在短时间内转化为大量有用的化工、医药产品或食品，为人类造福，使有害物质化为无害，将不能利用的物质变为可利用。

3. 生长旺，繁殖快

微生物以惊人的速度“生儿育女”。例如，大肠杆菌在合适的生长条件下，12.5～20min 便可繁殖一代，每小时可分裂 3 次，由 1 个变成 8 个。每昼夜可繁殖 72 代，由 1 个细菌变成 4.7×10^{21} 个（重约 4722t）。经 48h 后，则可产生 2.2×10^{43} 个后代，如此多的细菌的重量约等于 4000 个地球之重。部分微生物的世代时间（分裂 1 次所需的时间）和每日增殖率如表 1－2 所示。

表 1－2 部分微生物的世代时间和每日增殖率

微生物名称		世代时间	每日分裂次数	温度/℃	每日增殖率
细菌	乳酸菌	38min	38	25	2.7×10^{11}
	大肠杆菌	18min	80	37	1.2×10^{24}
	根瘤菌	110min	13	25	8.2×10^{3}
	枯草芽孢杆菌	31min	46	30	7.0×10^{13}
	光合细菌	144min	10	30	1.0×10^{3}
酿酒酵母		120min	12	30	4.1×10^{3}
藻类	小球藻	7h	3.4	25	10.6
	念珠藻	23h	1.04	25	2.1
	硅藻	17h	1.4	20	2.64
草履虫		10.4h	2.3	26	4.92

当然由于养分等种种条件的限制，这是不可能实现的。细菌数量的翻番只能维持几个小时，不可能无限制地繁殖。因而在培养液中繁殖细菌，它们的数量一般仅能达到每毫升 1～10 亿个，最多达到 100 亿。尽管如此，它的繁殖速度仍比高等动植物高出千万倍。

微生物的这一特性在发酵工业上具有重要意义，可以提高生产效率，缩短发酵周期。

妻子：隔壁家可真有钱，一张口就是几百万几千万的。丈夫：什么有钱，不过是搞细菌研究的。

4. 适应强，易变异

微生物对环境条件尤其是恶劣的“极端环境”具有惊人的适应力，这是高等生物所无法比拟的。例如，多数细菌能耐－196～0℃的低温；在海洋深处的某些硫细菌可在 250～300℃的高温条件下正常生长；一些嗜盐细菌甚至能在饱和盐水中正常生活；产芽孢细菌和真菌孢子在干燥条件下能保藏几十年、几百年甚至上千年。耐酸碱、耐缺氧、耐毒物、抗辐射、抗渗透压等特性在微生物中也极为常见。

微生物个体微小，与外界环境的接触面积大，容易受到环境条件的影响而发生性状变化（变异）。尽管变异发生的机会只有百万分之一到百亿分之一，但由于微生物繁殖快，也可在短时间内产生大量变异的后代。正是由于这个特性，人们才能够按照自己的要求不断改良在生产上应用的微生物，如青霉素生产菌的发酵水平由最初每毫升 20 单位上升到目前近 10 万单位。利用变异和育种得到如此大幅度的产量提高，在动植物育种工作中简直是不可思议的。

5. 分布广，种类多

虽然我们不借助显微镜就无法看到微生物，可是它在地球上几乎无处不有，无孔不入。85km 的高空、11km 深、水压高达 114MPa 大气压的海底、2000m 深的地层、近 100℃的温泉、－250℃的环境下，均有微生物存在，这些都属极端环境。至于人们正常生产生活的地方，也正是微生物生长生活的适宜条件。因此，人类生活在微生物的汪洋大海之中，但常常是“身在菌中不知菌”。

微生物聚集最多的地方是土壤，土壤是各种微生物生长繁殖的大本营，任意取一把土或一粒土，就是一个微生物世界，不论数量或种类均最多。在肥沃的土壤中，每克土含有 20 亿个微生物，即使是贫瘠的土壤，每克土中也含有 3 ~5 亿个微生物。

空气里悬浮着无数细小的尘埃和水滴，它们是微生物在空气中的藏身之地。哪里的尘埃多，哪里的微生物就多。一般来说，陆地上空比海洋上空的微生物多，城市上空比农村上空的微生物多，杂乱肮脏地方的空气里比整洁卫生地方的空气里的微生物多。人烟稠密、家畜家禽聚居地方的空气里的微生物最多，在 160m 高空的微生物比 5300m 处要多 100 倍。

各种水域中也有无数的微生物，居民区附近的河水和浅井水，容易受到各种污染，水中的微生物就比较多。大湖和海水中，微生物较少。

从人和动植物的表皮到人和动物的内脏，也都经常生活着大量的微生物，大肠杆菌在正常情况下，还是人肠道缺少不了的帮手呢。把手放到显微镜下观察，一双普通的手上带有 4 ~40 万个细菌，即使是一双用清水洗过的手，上面也有近三百个细菌。人们在握手时，将会把许多细菌传播给对方，握手也能传播疾病。幸好大多数微生物不是致病菌。

微生物种类繁多，迄今为止，我们所知道的微生物约有 10 万种，有人估计目前已知的种只占地球上实际存在的微生物总数的 20%，微生物很可能是地球上物种最多的一类。微生物资源是极其丰富的，但在人类生产和生活中仅开发利用了已发现微生物种数的 1%。

微生物开会——打一个成语，谜底是“无微不至”。无微不至刚好表述了微生物分布广泛的特点，有人的地方就存在微生物，没人的地方也可能存在微生物。

四、微生物的发展历程

微生物技术的发展历程大致可分为天然发酵时期、纯培养技术建立时期、深层培养技术建立时期、代谢调控发酵技术建立时期、全面发酵时期、基因工程引入发酵工程时期六个阶段。

1. 天然发酵时期

人类进行发酵生产的历史悠久。早在公元前6000年，古代萨马人和巴比伦人已经开始酿造啤酒，我国利用谷物酿酒的历史至少可追溯到4000年前的龙山文化时期，而酿制酱油、醋等食品在《周礼》中已有记载，距今也有两千多年的历史。但是，在19世纪末以前，“发酵”的本质及微生物的性质尚未被人们所认识，人们利用自然接种方法生产酒、醋、酱油、干酪、酸乳等发酵制品，完全依靠人们积累的实践经验。因此，这一时期称为天然发酵时期。此时期，发酵生产处于手工操作、自然发酵的落后状态，经常被杂菌污染所困扰，发酵产品质量非常不稳定。

2. 纯培养技术建立时期

1680年，荷兰人安东尼·列文·虎克（Antony Van Leeuwenhoek）制成了能放大40~150倍的显微镜，通过显微镜观察了污水、牙垢、腐败有机物等，认识到微生物的存在，并对杆菌、球菌、螺旋菌等做了正确的描述。19世纪末，法国的路易·巴斯德（Louis Pasteur）通过实验证明酒精发酵是由于酵母菌的作用，揭示了发酵是由微生物的活动引起的；随后，他对乳酸发酵、酒精发酵、葡萄酒酿造、食醋酿造等进行了研究，明确了这些不同类型的发酵是由不同形态类群的微生物引起的。在此期间，巴斯德证明了葡萄酒受到醋酸菌污染而造成酸败，并发明低温消毒法，使法国葡萄酒酿造业免受酸败的损失。至今，酒类等饮料的消毒大多采用巴氏消毒法。由于巴斯德在发酵方面的卓越贡献，他被誉为“发酵的奠基人”。

1881年，德国的罗伯特·科赫（Robert Koch）首先发明了固体培养基，并应用固体培养基分离培养出炭疽芽孢杆菌、结核分枝杆菌、霍乱弧菌等病原细菌，建立了一套微生物纯培养的技术方法。由于结核菌研究工作相当出色，科赫在1905年获得诺贝尔奖。此外，丹麦的汉逊（Hansen）在研究啤酒酵母时，建立了啤酒酵母的纯培养方法。

3. 深层培养技术建立时期

1929年英国亚历山大·弗莱明（Alexander Fleming）发现能够抑制葡萄球菌的点青霉，其产物称为青霉素。当时，弗莱明的成果没有引起人们的重视，1940年英国的霍华德·沃尔特·弗洛里（Haward Walter Florey）及钱恩(E. B. Chain)两位博士精制分离出青霉素，确认青霉素对伤口感染比当时广泛使用的磺胺药更有疗效。20世纪40年代初，第二次世界大战中对于抗细菌感染药物的需求极大，促使英美两国合作对青霉素进行深入研究开发，建立了深层液体培养技术，把通气搅拌技术引入发酵工业。

4. 代谢调控发酵技术建立时期

20 世纪 40 年代的时候，还没有代谢控制理论的指导，青霉素发酵生产所用的菌株只能采用自然选择的方法，以 10^{-6} 的突变概率来筛选所谓的高产菌株。随着生物化学、微生物生理学以及遗传学的深入发展，促进了人们对微生物代谢途径的研究，并开始利用代谢控制发酵技术进行选育微生物菌种和控制发酵条件。20 世纪 50 年代，氨基酸发酵工业引进了代谢控制发酵技术，根据氨基酸生物合成途径用遗传育种方法进行微生物人工诱变，获得代谢发生改变的突变株，在控制条件下选择性地大量生产所需的氨基酸。同时，代谢控制发酵技术也在核苷酸、有机酸和抗生素的生产中得以广泛应用。代谢控制发酵技术的建立，是发酵工程发展史上的第三个转折时期。

5. 全面发展时期

传统的发酵原料主要是粮食、农副产品等，随着代谢控制发酵技术广泛应用，发酵工业发展迅速，需要大量粮食、农副产品等作为发酵原料。20 世纪 60 年代初期，为了解决微生物与人类争夺粮食，微生物学家对发酵原料的多样化开发进行了研究。随着石油微生物的发现，出现了利用烷烃、天然气、石油等作为原料进行发酵，如美国、英国、日本、中国等国家采用烷烃为原料发酵生产单细胞蛋白（SCP）。发酵原料的改变使发酵技术又进入一个新时期，这是发酵工程发展史上的第四个转折时期。在这个时期，利用了生物合成与化学合成相结合的工程技术生产维生素、新型抗生素，发展了循环式、喷射式等多种发酵罐，发酵生产向大型化、多样化、连续化、自动化等方向发展。

6. 基因工程引入发酵工程时期

随着现代生物技术，特别是基因工程的发展，发酵工程技术又有了迅猛的发展。DNA 体外重组技术在微生物育种方面得到实际应用，使得任意生物的特定有用基因组合到特定的微生物基因中去，从而获得新的菌种。这类菌种称为“工程菌”，它能够生产自然界一般微生物所不能合成的产物，如胰岛素、干扰素、凝血因子Ⅷ、超氧化物歧化酶（SOD）等。另外，通过基因工程构建菌种，可以提高一般代谢产物（如氨基酸、抗生素、有机酸、酶制剂等）的产量与质量，并缩短发酵周期和降低成本等。例如，胰岛素是治疗糖尿病的良药，原来生产 100g 胰岛素需从 720g 的猪胰中提取，而 1978 年美国采用基因工程菌发酵生产，由 2000L 基因工程菌即可提取等量的胰岛素。又如，20 世纪 80 年代以来，一些发达国家的研究人员纷纷试验将大豆球蛋白基因转导到大肠杆菌中，然后通过发酵工程培养，可生产出大豆球蛋白，且大豆球蛋白产量倍增。若种植大豆获得大豆球蛋白，至少需要一个生长季，而应用“工程菌”发酵只需要 3 天时间就可以生产出大量的大豆球蛋白。基因工程的引入，使发酵工程产生革命性的变化，这是发酵工程发展史上的第五个转折点。

五、微生物的产品类型

1. 微生物菌体

微生物细胞中蛋白质含量为40%～80%，可供食用。例如，酵母含有50%左右的蛋白质，其中氨基酸含量齐全，还含有B族维生素，早在20世纪初期面包酵母已经大规模生产，并被广泛用作人类主食面包、馒头、饼干、糕点等的优良发酵剂和营养剂。微型藻类（简称微藻）是一类分布最广、蛋白质含量很高的微型光合水生生物，其中螺旋藻是目前所知食物营养成分最全面、最充分、最均衡的食品，因而被联合国世界食品协会誉为“明天最理想的食品”，联合国粮农组织（FAO）称之为“二十一世纪的食品”，在我国也被学生营养促进会推荐。非致病性细菌等单细胞微生物体内所产生的菌体蛋白质，以单细胞蛋白作为饲料不仅蛋白质含量高，还含有脂肪、碳水化合物、核酸、维生素和无机盐，以及动物机体所必需的各种氨基酸，特别是植物饲料中缺乏的赖氨酸、蛋氨酸和色氨酸含量较高，生物学价值大大优于植物蛋白饲料。20世纪60年代开始，作为动物饲料蛋白来源的单细胞蛋白饲料的研究开发与应用推广备受关注，据联合国粮农组织统计，在20世纪末全球的蛋白质短缺量已达2500万t，其发展前景十分广阔。

由于微生物细胞内含有丰富的酶系以及多种经济价值很高的生理活性物质，如一些结构复杂的生化药物和生化试剂产品——辅酶A、辅酶I、辅酶Q、细胞色素C、凝血质、谷胱甘肽、卵磷脂、麦角固醇和核糖核酸等，可应用于保健品与医药工业。例如，酵母可用来提取制备凝血质、谷胱甘肽、卵磷脂以及辅酶A等医药。凝血质适用于各种内外科及妇产科手术和治疗胃、痔、癌及鼻出血。卵磷脂对冠状动脉硬化及神经衰弱有一定疗效。辅酶A临床上可用于防治动脉硬化、白血球较少和慢性脉管炎等症。食用菌所含营养物质非常齐全，具有降低胆固醇、增强免疫力、抑制肿瘤、抗衰老、止血、消炎、解毒、润肺、健美、护肤、健脑等功效。我国利用真菌作为药物已有悠久历史，汉代的《神农本草经》记载有灵芝、茯苓、银耳、冬虫夏草等作为药物使用，这些真菌产品均可通过人工培养方式进行生产。

近年来，微生态制剂的研究、开发与应用已成为水产安全和高效养殖的一个新方向。微生态制剂是从天然环境中筛选出来的微生物菌体，经培养、繁殖后制成的含有大量有益菌的活菌制剂。其主要被用作控制和改善养殖水体微生态环境的水质调节和用作促进生长的饵料添加。目前，水产养殖中使用的主要微生态制剂有光合细菌制剂、EM（有益微生物菌群）制剂以及复合微生态制剂等。另外，微生物农药的发现和运用已有半个世纪，作为化学农药的替代品主要包括细菌杀虫剂、农用抗生素、病毒杀虫剂和真菌杀虫剂等。其中，细菌杀虫剂是应用最早的微生物农药，主要是从昆虫病体上分离得到的病原菌，目前已成功开发了某些芽孢杆菌，如苏云金芽孢杆菌、球形芽孢杆菌、金龟子芽孢杆菌等，其作用对象主要是咀嚼式口器的害虫，如鳞翅目、鞘翅目和双翅目等有害农作物昆虫。随着人类环保意识的加强与农业可持续发展的需要，微生物农药的发展前景十分广阔。

2. 微生物代谢产物

微生物利用外界环境中的营养物质，通过包括分解代谢和合成代谢在内的两种紧密相关的物质代谢过程，生产许多重要的代谢产物，因此微生物代谢产物产品很多，大致可分为初级代谢产物和次级代谢产物两大类。发酵代谢产物类型与微生物生长过程密切相关。在细胞生长阶段所产生的代谢产物往往是细胞生长和繁殖所必需的物质，如各种氨基酸、核苷酸、核酸、有机酸等，这些代谢产物称为初级代谢产物。丝状菌、真菌及产芽孢的细菌都能进行次级代谢，各种次级代谢产物都是微生物生长进入缓慢生长或停止生长时期所产生的，如抗生素、毒素、生物碱、生长促进剂等。次级代谢产物在微生物生长和繁殖中的功能多数尚不明确，但对人类却是十分有用的。许多代谢产物具有重要应用价值，工业微生物学家通过改良菌种性能和发酵条件来提高产率，以适应工业生产的需要。

可利用微生物发酵法生产许多种氨基酸，其中以谷氨酸单钠（味精）、赖氨酸、苏氨酸、蛋氨酸、苯丙氨酸等氨基酸产品的产量较大。微生物发酵生产的有机酸产品包括柠檬酸、醋酸、乳酸、葡萄糖酸、衣康酸等，有机溶剂产品包括酒精、丙酮、丁醇等，核苷酸产品包括肌苷、肌苷酸、鸟苷酸等，维生素产品包括核黄素、维生素 C、维生素 B 等，多糖产品包括右旋糖酐等，抗生素产品包括青霉素、链霉素、四环素、土霉素、金霉素、庆大霉素、新霉素、利福霉素等。

3. 微生物酶制剂

酶制剂可由植物、动物或微生物来生产，而通过微生物发酵可大量生产酶制剂，具有动物、植物无法比拟的优点。目前，工业用酶大多来自微生物发酵产生的胞外酶或胞内酶，经提取、精制而得到酶制剂，其种类已有 100 种以上，如 α - 淀粉酶、β - 淀粉酶、异淀粉酶、葡萄糖异构酶、葡萄糖氧化酶、右旋糖酐酶、蛋白酶、纤维素酶、果胶酶、转化酶、蜜二糖酶、柚苷酶、花青素酶、脂肪酶、凝乳酶、氨基酰化酶、天冬氨酸酶、青霉素酰化酶、磷酸二酰酶、天冬酰胺酶等。例如，淀粉酶应用于淀粉糖制品的生产；果胶酶应用于澄清果汁、精炼植物纤维素等；蛋白酶应用于皮革加工、饲料添加剂等；青霉素酰化酶应用于青霉素水解制备 6 - 氨基青霉素烷酸（6 - APA）。此外，还有许多特殊酶制剂在医疗上作为诊断试剂或分析试剂。

4. 微生物转化的化合物

利用微生物细胞中的一种或多种酶作用于某一底物的特定部位（基团），使其转化为结构类似并具有更大经济价值的化合物的生化反应，称为微生物转化发酵。微生物转化的最终产物不是微生物细胞利用营养物质经过代谢而产生，而是微生物细胞中的酶或酶系作用于某一底物的特定部位（基团），进行生化反应而生成，转化反应包括脱氢、氧化、脱水、缩合、脱羧、羟化、氨化、脱氨、异构化等。其特点是特异性强、工艺简单、条件温和、环境污染小。目前，发酵工业中的微生物转化主要用于一些高附加值化合物的生产，如结构类似的同族抗生素、类固醇、前列腺素等的生产。

第二节　黄酒中微生物的应用

从古至今，关于酿酒的起源众说纷纭。汉代刘向的《战国策》记载："昔者，帝女令仪狄作酒而美，进之禹。禹饮而甘之，曰'后世必有以酒而亡其国者'，遂疏仪狄，而绝旨酒。"这就是广为流传的仪狄造酒说。

晋朝江统的《酒诰》提出："酒之所兴，肇自上皇，或云仪狄，一曰杜康。有饭不尽，委于空桑，郁积成味，久蓄气芳，本出于此，不由奇方。"明代李日华《蓬栊夜话》记叙道："黄山多猿猱，春夏采杂花果于石洼中，酝酿成酒，香气溢发，闻数百步。"这就是自然发生说和猿猴酿酒说。

自然发酵的酒应是酒的起源，原始的人类观察到这种自然发酵的情况，并饮用。猿猴无意识地酿酒，是酿酒的最原始的状态；而有意识的酿酒应该是人工利用微生物将含糖物质酿制成酒的过程。

一、酿酒微生物简史

原始人有意识地让成熟的野果自然发酵，是因为成熟野果中含有糖类物质，在野生酵母的作用下，转化为酒。但是野果酿酒由于自然环境和社会条件的限制，是不可能形成社会性大规模的生产，只有采用谷物酿酒才能大规模地生产。谷物的栽培属于农业生产，因此汉刘安《淮南子》认为："清盎之美，始于耒耜。"

由于原始人贮藏谷物的方法粗放，在天热时，受潮后发芽发霉的情况是难免的。当这些发芽发霉的谷物浸泡在水中，就会发酵成酒，所以谷物变酒成为可能。江统《酒诰》中的"自然发生说"所持剩饭自然发酵成酒的观点，符合科学道理及实际情况。剩饭中的淀粉在自然界存在的微生物所分泌的酶的作用下，逐步分解成糖分，在酒化酶的作用下，糖分又转变成酒精。人们从中受到启发，开始有意识地利用发霉的谷物酿酒，但是仍处于知其然不知其所以然的阶段。

发霉的谷粒由于霉菌的繁殖，往往又很自然地形成块状，这就形成块曲和散曲两大类。汉朝以前，酿酒使用的酒曲主要是散曲，到了汉朝人们开始较多地使用饼曲。主要是饼内的水分和温度相对来说较恒定，有利于酵母菌、根霉类微生物的大量繁殖。

此后的《齐民要术》《北山酒经》《天工开物》等古籍中较多地提及各种酒曲的生产及酒的生产工艺。酒曲主要就是培养各种糖化菌或酵母菌，说明中国古代的劳动人民开始逐渐掌握酿酒微生物的培养技术。

20 世纪 30 年代起，陈騊声和方心芳等人，开始对酒曲、酒药进行大量的调查和研究，分离得到酵母、曲霉等微生物。此后酿造领域的学者对酒曲中的曲霉、酵母进行观察和分类，这些研究揭示了中国传统的酒曲、酒药的主要成分（包括各种霉菌）及其在酿造中的主要功能，同时也筛选了一批优良的酿造菌类品种，20 世纪 60 年代江苏东吴酒厂和上海枫泾酒厂在曲酿改革和菌种分离的基础上，成功获得黄酒糖化菌株苏 - 16 和黄酒酵母 As2 - 1392 菌株，为发展传统的酿酒工艺提供了科学指导。

二、黄酒酿造中曲蘖的使用

世界各国以谷物为原料酿酒可以分为两大类：一类是以谷物发芽的形式，利用谷物发芽的过程中产生的酶将原料自身的淀粉分解为可发酵性糖，进而利用酵母菌将可发酵性糖转化为酒精；另一类是将谷物制成曲，利用曲中的微生物及酶将原料中的淀粉分解为可发酵性糖，再用酵母菌将可发酵性糖转化为酒精。

黄酒的发酵属于第二种，黄酒酿造的原料大都是就近取材，自然环境对酿酒工艺有着不容忽视的影响，因此各地所酿的黄酒具有一定的差异，形成一些区域性的品种。黄酒的糖化和发酵是同时进行的，称为“双边发酵”。从微观的角度来说，黄酒酿造过程其实就是培养微生物，通过微生物的代谢产物——酶将淀粉转化为酒精。传统中国白酒经固态发酵再经蒸馏后得到，虽属蒸馏酒，但固态发酵中也使用了曲。

用曲（图 1 - 3）酿酒是中国黄酒的特色和精华所在，也是中国古代的一大发明。利用粮食原料，在适当的水分和温度条件下，繁殖培养具有糖化作用的微生物的过程称为制曲。传统的黄酒酿造十分看重曲的作用，我国明朝宋应星在《天工开物》中指出：“无曲，即佳米珍黍空造不成”，浙江绍兴称酿黄酒的麦曲为“酒之骨”。

曲是黄酒酿造的糖化剂，赋予黄酒特有的风味。黄酒酿造过程中使用了麦曲、红曲、酒药等品种，并按照使用曲的不同，将酒分为麦曲酒、红曲酒、小曲米酒，各具风味，主要的原因就是各酒曲富集培养的微生物种群不同，因此在发酵过程中的代谢途径和产物不同，形成各种风味。

(1)红曲

(2)块曲

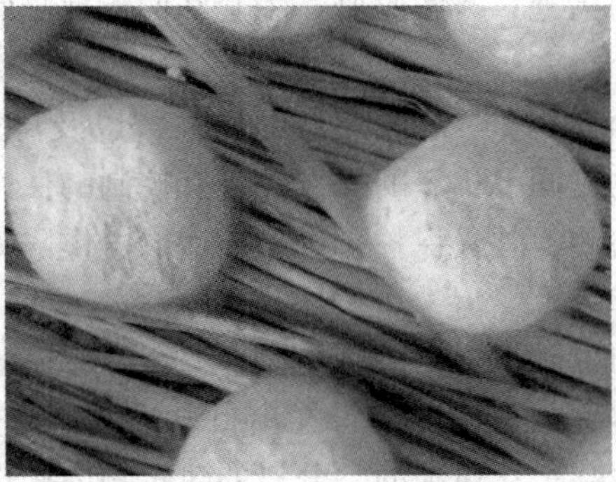

(3)酒药

图 1－3　传统黄酒中使用的糖化发酵剂

第三节　微生物实验室安全

黄酒的发酵，从微观的角度来说，其实就是培养微生物，通过微生物的代谢产物——酶将淀粉转化为酒精的过程。因此在黄酒的生产中，需要通过分离纯化酿造中的微生物了解发酵机理，为此建立微生物实验室，进行相关的研究。在培养酿造微生物的同时，也要培养有害的微生物，甚至是致病菌。在培养致病菌之前，应当做好安全工作。

一、生物安全水平（BSL）级别

在微生物实验室使用致病微生物是当代教育中一个颇受争议的话题，尤其在发现了许多耐药微生物的存在之后。生物安全实验室（biosafety laboratory）的概念最早在 20 世纪 50 年代由美国提出的，对所在实验室的风险因子进行评估并制定相应的预防措施，避免危险生物因子造成实验室人员及相关人员暴露，防止向实验室外扩散并导致危害的综合措施。从各大菌种保藏机构购买一个菌种之前，都需要提供一个实验室安全的证明材料，所购买的菌种一般也会标注其生物安全水平（biosafety level，BSL 级别）。

一般说来，生物安全水平（BSL）综合了实验室操作、步骤、安全设备和实验设施等方面。对于微生物特定的生物安全水平的命名是基于风险评估的，并且包括很多因素，如感染性或致病性、生物稳定性等。美国 CDC 划分了 4 个生物安全水平。

（1）BSL 1——微生物对于健康成年人不致病，应用标准普遍预防措施和规范的实验室安全步骤，不需要特殊的安全设备。

（2）BSL 2——微生物与人类疾病相关联的，需限制性使用、有生物危险标识、有安全手册和预防措施；有实验服、手套和面部保护装置，污染的垃圾需要高压灭菌。

（3）BSL 3——可能导致严重或致命的后果，以及可能通过气溶胶传播的、天然的或外来的微生物；同 BSL 2 的操作并且有控制的使用；消毒所有的垃圾和实验服；基本血清的检测；呼吸保护；操作通道的身体隔离；双门进出；负压气流；呼吸非循环空气。

（4）BSL 4——威胁生命，或未知传播的危险、外来的微生物，同 BSL 3 的操作以及在进入实验室之前更换服装；在出口淋浴；所有送出的材料需要消毒；在入口需要正压个人服装；在单独的、分离的建筑物内操作；精细的空气供给系统和消毒系统。

二、实验室安全准则

酿酒微生物实验室是一个特殊的场所，在进行实验时，经常使用一些有毒、有腐蚀、易燃的药品，或具有传染性、致病性的微生物。使用微生物实验室时应牢记实验室安全，应时刻警惕微生物、化学物品和仪器设备使用不当时存在的风险，确保将风险降到最低。所有参与实验人员都必须遵循“杂菌不带入，活菌不带走”的原则，同时为了健康和安全，所有参与人员必须做到：

（1）将所有不必要的衣服、书、背包等非必需品放在适当的位置——搁物架上。实验室工作区域不要放置实验中不使用的物品。

（2）进入实训室工作时，不使用化妆品（包括隐形眼镜），将长发扎在脑后，必须穿实训服，以免使衣服和身体受微生物污染或染料的意外染色。

（3）清楚灭火器、化学安全淋浴器、眼睛清洗剂、化学品溢出试剂盒和实验室安全出口的位置。学会正确使用这些装置，一旦发生意外立即报告指导老师。

（4）如果怀孕、患有导致眩晕的疾病或其他问题（如糖尿病），请尽快报告指导老师。

（5）禁止在实验室吃、喝或吸烟。

（6）禁止将任何东西放到嘴里（禁止使用嘴巴来移液），保持双手远离嘴和眼睛。

（7）禁止将实验室内的药品试剂、培养物、仪器设备等带离实验场所。

（8）保持橱柜和实验室台面的整洁，不要将残余的培养基和培养物放在橱柜抽屉内。

（9）将所有的试剂、培养基、玻璃器皿和设备使用后，必须放回到原来的位置。当打破玻璃器皿时，必须告知指导老师再清理。

（10）避免将实验材料污染实验台、地板和垃圾桶，一旦污染可用75%酒精擦拭，琼脂必须倒入指定的回收垃圾桶。

（11）无菌室的使用前后，都要使用酚消毒剂如5%来苏尔、5%酚溶液或75%酒精来清理你的实验区域。该步骤能降低意外感染的概率，也可以避免培养物的污染。

（12）在使用接种环和接种针转移培养物前后都要立刻灼烧，接触或培养过微生物的摇瓶、试管、载玻片、接种针等仪器设备，必须及时地采取适当的方式灭菌或消毒，不要持有感染物品的针或环在实验室中走动。

（13）当感染的物品意外溢出时，立刻使用消毒剂（5%来苏尔或5%酚溶液）覆盖，并立即报告指导老师。

（14）在所有的实验物品上写上：

a. 样品/微生物

b. 日期

c. 操作者

d. 其他备注

（15）每个实验前后都要彻底清洗双手，产生任何污染时，离开实验室时应洗手，尽可能使用消毒肥皂。

（16）有未知的情况发生时，及时联系指导教师。

针对实验室安全准则，必须把其落实在实际管理中。如果是第一次进入实验室时，要认真阅读安全准则，并在相关的表格中填上进入实验室的主观承诺意愿。以后每次进入都需要诚实填写。如下所示：

我已阅读以上的准则并且理解其含义。

紧急联系人号码：______________

签名：______________

日期：______________

思考题

一、名词解释

1. 微生物

2. 三界说

3. BSL

二、填空题

1. 大肠杆菌在合适的生长条件下，__________ min 繁殖一代。

A. 1 ~ 2　　B. 5 ~ 10　　C. 12 ~ 20　　D. 32 ~ 45

2. 病毒属于__________微生物。

A. 非细胞类　　B. 原核细胞类　　C. 真核细胞类　　D. 多细胞类

3. 英国的__________发现了能够抑制金黄色葡萄球菌的青霉素。

A. 巴斯德　　B. 科赫　　C. 弗莱明　　D. 牛顿

4. 第一位真正看见并描述微生物的是__________。

A. 列文·虎克　　B. 胡克　　C. 巴斯德　　D. 柯赫

5. 因为对微生物学做出巨大贡献，被称为“发酵的奠基人”的是__________。

A. 列文·虎克　　B. 胡克　　C. 巴斯德　　D. 柯赫

三、判断题

1. 微生物形体微小，数量庞大，寄居在人体的正常微生物，一般情况下对人体无害。（　　）

2. 天然发酵时期，人们使用微生物发酵产品的质量非常稳定。（　　）

3. 所有参与实验人员都必须遵循“杂菌不带入，活菌不带走”原则。（　　）

4. 可以使用嘴来吸取移液管。（　　）

四、简答题

1. 微生物的共性是什么？

2. 简述黄酒的“双边发酵”。

3. 微生物实验物品标签的写法是什么？

五、论述题

能源危机、食物短缺和环境污染是困扰当今社会发展的难题，试通过微生物阐述解决这些问题的方法。

实训一　实验室安全教育

本实验室经常使用一些有毒、有腐蚀、易燃的药品，或具有传染性、致病性的微生物。因此，为了避免感染伤害自己或他人，必须遵守《实验室安全准则》，经过实验室安全教育之后才可以开始实验操作。

不遵守准则或粗心大意都有可能导致自己或他人的健康和安全受到威胁，因此如不能遵守将被勒令退出实验室。如果在使用仪器、处理危险品、感染性材料等操作时有疑问，都可以咨询指导老师。

（1）实验开始之前阅读几遍实验步骤、实验原理。

（2）开始所有的实验之前，应当详细听取指导老师的介绍，特别是一些注意点。如有不明白指导老师的介绍或所涉及的原理时，请随时提问。

（3）实验室的大部分工作需要分组配合完成，应该在实验开始之前分配好工作，并及时进行数据和结果的讨论。

一、安全防护

（1）进入实验室开始工作时，应当了解所在实验室的煤气、水、电的总闸门所在位置，以便遇到紧急事件时，及时采取措施。

（2）使用酒精灯时应当先点燃酒精灯，再用酒精棉擦手。实验结束或人离开时一定要熄灭火焰。

（3）使用电器时，严防漏电，不可用湿手触摸电器开关。如果遇到电器故障应当请专业人员进行维修。如遇触电，关闭电源开关、用干燥木棍挑开电线、拉下电闸等，尽可能缩短触电的时间。

（4）使用浓酸、浓碱等具有腐蚀性的化学试剂时，应当使用防护手套。避免在过分拥挤的环境下使用强腐蚀性试剂或进行危险性较大的实验。

（5）对于使用易燃性化学试剂时，应当远离火焰。如果发生火灾应当采用如下处理措施：

①立即切断电源、火源，拿开一切可燃性物品防止火势扩大。

②对酒精及其他可溶于水的液体着火时，可用湿抹布或灭火器灭火；汽油、乙醚、甲苯等有机溶剂着火时，应当尽快跑离现场；电源线着火时，应当切断电源或用四氯化碳灭火。衣服着火时，不可奔跑，可及时脱下或用其他湿衣服包裹灭火。

③如果火势较强，难以控制应当果断地拨打119火警。

（6）防止可燃性试剂泄漏，如果出现此类事情，应当立即熄灭室内所有火焰和关闭电加热器，再用湿棉布擦拭或其他用具收集。

（7）不得将对周围环境造成污染的化学试剂倒入下水道中，可用大量的水稀释或委托专业人员处理。不得将融化的琼脂直接倒入水槽，应倒入专门回收的垃圾桶内。

（8）不可将有毒性物品或微生物培养物直接倒入水槽或垃圾袋中，微生物应采用灭菌处理，倒入垃圾桶内。对于特殊性有毒物品也应当委托专业人员处理。

二、实验室工作注意事项

（1）在进入实验室开始实验前，应当熟悉处理常见危害人身安全的事件方法，时刻注意着装整齐，如清洁的实验服、胶手套等。

(2) 严禁在实验室内吸烟、饮食、嬉戏等。

(3) 小心使用玻璃仪器，远离危险品存放地。

(4) 在使用化学药品时了解警告标志，注意用量不要超出规定用量。

(5) 在进行致病微生物实验时严防致病微生物泄漏。

(6) 操作时应当做到干净利落、有条不紊，并严格按照实验操作规程进行实验操作。

三、实验室急救

在进行微生物实验时，如果不慎发生意外受伤事故，可采用如下措施：

(1) 被玻璃割伤，可先检查伤口内有无玻璃碎片，然后用硼酸冲洗干净，再用碘酒擦拭消毒。如果伤口过大或血流过多，可及时送医院诊治。

(2) 被烫伤时，可先用浓酒精消毒，涂上苦味酸软膏。如果伤处红肿可擦医用药膏。

(3) 强酸（或碱）等灼伤时，可先用大量的水冲洗，后用5%（质量分数）硼酸氢钠（或碳酸氢钠）洗涤。

(4) 煤气中毒时，可打开门窗换气，如果病情严重可立即送往医院诊治。

(5) 触电时可先切断电源，后用木棒使导线与受害者分开。急救者须做好绝缘处理。

拓展阅读

机会总是偏爱有准备的头脑

因为发现青霉素，弗莱明（Fleming）和病理学家弗洛里（Howard Walter Florey）以及生物化学家钱恩（Chain）共同获得1945年诺贝尔生理学或医学奖。

1928年的夏天，弗莱明外出度假时，把实验室里在培养皿中正生长着细菌这件事给忘了。3周后当他回实验室时，注意到一个与空气意外接触过的金黄色葡萄球菌培养皿中长出了一团青绿色霉菌。在用显微镜观察这只培养皿时弗莱明发现，霉菌周围的金黄色葡萄球菌菌落已被溶解。这意味着霉菌的某种分泌物能抑制金黄色葡萄球菌。此后的鉴定表明，上述霉菌为点青霉菌，因此弗莱明将其分泌的抑菌物质称为青霉素。然而遗憾的是弗莱明一直未能找到提取高纯度青霉素的方法，于是他将点青霉菌菌株一代代地培养，并于1939年将菌种提供给准备系统研究青霉素的澳大利亚病理学家弗洛里和生物化学家钱恩。

通过一段时间的紧张实验，弗洛里、钱恩终于用冷冻干燥法提取了青霉素晶体。之后，弗洛里在一种甜瓜上发现了可供大量提取青霉素的霉菌，并用玉米粉调制出了相应的培养液。弗洛里和钱恩在1940年用青霉素重新做了实验。他们给8只小鼠注射了致死剂量的链球菌，然后给其中的4只用青霉素治疗。几个小时内，只有那4只用青霉素治疗过的小鼠还健康地活着。

此后一系列临床实验证实了青霉素对链球菌、白喉杆菌等多种细菌感染的疗效。青霉素之所以能既杀死病菌，又不损害人体细胞，原因在于青霉素所含的青霉烷能使病菌细胞壁的合成发生障碍，导致病菌溶解死亡，而人和动物的细胞则没有细胞壁。但是青霉素会使个别人发生过敏反应，所以在应用前必须做皮试。

在这些研究成果的推动下，美国制药企业于1942年开始对青霉素进行大批量生产。到了1943年，制药公司已经发现了批量生产青霉素的方法。当时英国和美国正在和纳粹德国交战。这种新的药物对控制伤口感染非常有效。到1944年，药物的供应已经足够治疗第二次世界大战期间所有参战的盟军士兵。

其实早在唐朝就有记载裁缝们发现伤口用发青霉的浆糊裹好后，不久伤口就痊愈，不会发炎。中世纪的欧洲也有农民将家中发青霉的面包收藏起来，等到有人受伤时，捣碎使用。但是没有人像弗莱明一样进行系统的研究，所以也就没有发现青霉素了。试想，如果弗莱明虽然观察到金黄色葡萄球菌菌落被溶解的现象，但是随手洗掉这几个平板的话，世界会怎样？

目前人类了解的微生物约有10万种，大约占到微生物实际总数的20%，但在人类生产和生活中仅开发利用了已发现微生物种数的1%，因此微生物的世界大有可为。

我们应当像弗莱明学习，做一个有心人。

第二章 黄酒酿造中的主要微生物

食品工业应用微生物进行生产已有几千年的历史。如黄酒、葡萄酒和啤酒生产，干酪和面包制作、酱油酿造等食品的生产过程中，都要让微生物参与其中，以便得到我们所需要的产品。

黄酒酿造中，尤其是开放式生产、简单消毒的传统黄酒酿造，原料、环境和工具中大量的微生物转移到发酵液中，同时在发酵的过程中，酸浆水（浸米浆水）的使用，更是接入大量的微生物。我们不仅会遇到有益的微生物，还有有害的微生物。通过人工发酵控制，利用有益的微生物，抑制有害的微生物，使发酵正常。因此，了解微生物的形态，对其进行初步分类，并判断是否是有害微生物非常重要。

这种主要以外观形态而将微生物分类的方法称为形态分类法。微生物的形态特征相对稳定，不会因暂时的环境改变或少量基因突变而改变。形态由生理结构决定，而生理结构由基因决定，因此形态相同或相似的微生物有着相同或相似的基因。由于其方便直观的特点，沿用至今。随着显微镜、染色等技术的发展，分类的特征内容逐步细化。

形态分类法，换句话说，就是以貌取人。

第一节 细　　菌

黄酒酿造中的细菌有些是有益的，如乳酸菌发酵后调节 pH，有利于酵母的生长繁殖，其代谢产物还影响黄酒的风味；有些是有害的，如醋酸杆菌、大肠杆菌，能使黄酒变质酸败，影响黄酒的质量安全。

细菌是一类细胞短小、结构简单、细胞壁坚韧、多以二分裂方式繁殖和水生性较强的原核生物。在黄酒酿造的环境中，到处都有大量的细菌聚集着。凡在温暖、潮湿和富含有机物质的地方，都是各种细菌活动之处，通常散发出一股特殊的臭味或酸败味。如浸米、洗米产生的浆水、酸败的黄酒、排水沟等液体中出现浑浊，沉淀或液面飘浮“白花”，并伴有小气泡产生，说明其中可能含有大量细菌。

一、细菌的细胞形态和大小

1. 细菌的细胞形态

大多数细菌具有一定的基本细胞形态并保持恒定。形状近圆形的细菌称为球菌；形状近圆柱形的细菌称为杆菌；螺旋形的细菌称为螺旋菌（图 2－1）。细胞的形状明显地影响着细菌的行为和其稳定性。例如球菌，由于是圆形，在干燥时较不易变形，因而它比杆菌和螺旋菌更能经受高度干燥而得以存活。杆菌较球菌每单位体积有较大的比表面，因而比球菌更易从周围环境中摄取营养。螺旋菌呈螺旋式运动，因而较之运动的杆菌受到的阻力要小。

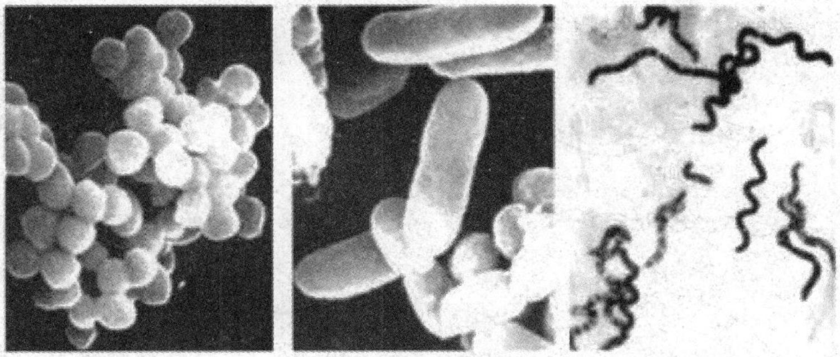

(1)球状　(2)杆状　(3)螺旋状

图2-1　细菌的细胞形态

球菌按其细胞排列方式又可分为单球菌、双球菌、四球菌、八叠球菌、葡萄球菌和链球菌（图2-2）。

杆菌按其细胞的长宽比及排列方式又可分为长杆菌、短杆菌、链杆菌和棒杆菌（图2-3）。杆菌的长宽比相差很大，其两端常呈不同的形状，如半圆形、钝圆形、平截形、略尖形等；菌体有笔直、稍弯曲和纺锤状等而显得多样化。

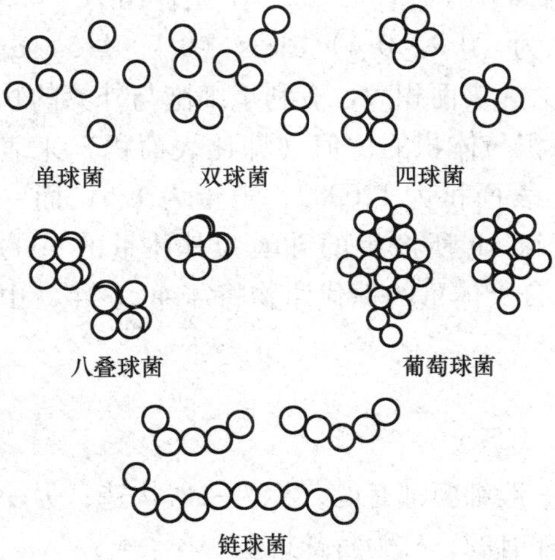

图2-2　球菌

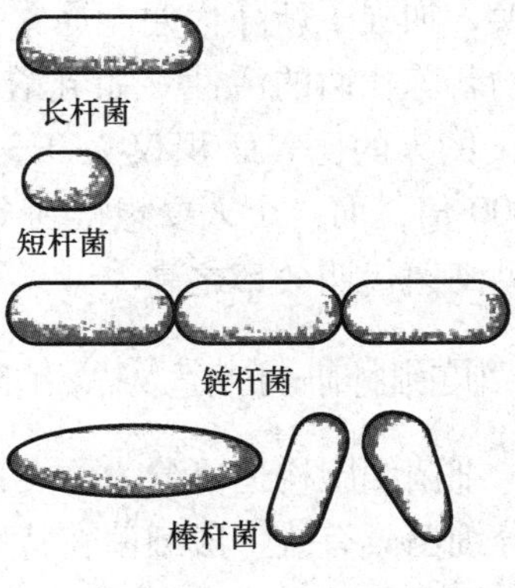

图2-3　杆菌

螺旋菌按其弯曲旋转程度不同又可分为螺旋菌、螺旋体和弧菌（图2-4）。

这三大类细菌中，自然界中以杆菌最为常见，发酵工业上常用的是球菌和杆菌，尤以杆菌最为重要。螺旋菌主要为病原菌。

在多数情况下，细胞的形状和排列方式是各种微生物的特征，它们与环境因素有关，如培养的温度、培养基的成分与浓度、pH、菌龄等。各类细菌在未衰老前和适宜的培养条件下，一般表现正常的细胞形态和排列。但在衰老后或培养条件有较大改变后，就常引起变化，尤以杆菌为甚（图2－5）。

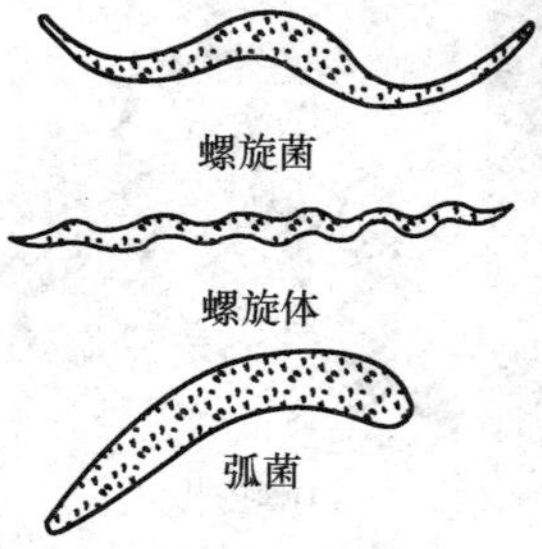

图2－4　螺旋菌和螺旋体、弧菌

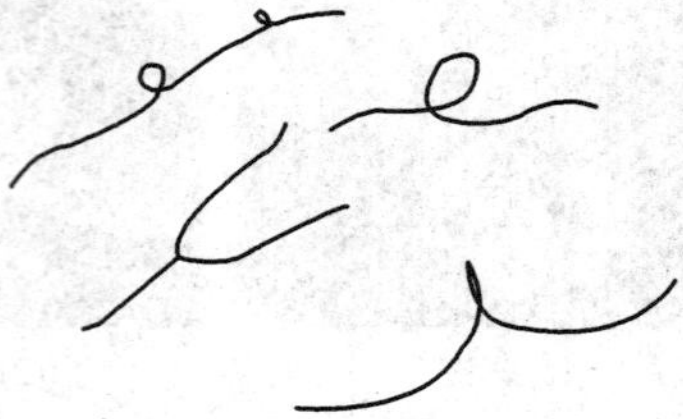

图2－5　乳酪杆菌的异常形态

2. 细菌细胞的大小

细菌细胞的体积很难准确肯定，因为在固定和染色过程中，它们的体积大为缩小。细菌细胞的大小随种变化很小，必须用光学显微镜的油镜才能观察清楚。测量细菌长度的单位为微米（μm）。

一般而言，球菌直径在0.2～1.5μm，若直径为1.2μm，则其体积为$10^{-12}cm^3$，密度约为1.1g/cm^3，每个细胞质量为1.1×10^{-12}g，即每克细菌约含9000亿个细胞。大型杆菌的宽长比为（1.0～1.5）μm×（3～8）μm，中型杆菌为（0.5～1.0）μm×（2.0～3.0）μm，小型杆菌为（0.2～0.4）μm×（0.7～1.5）μm。

细菌体积虽小，但其相对表面积很大。表面积大，有利于细胞与外界的物质交换，加强了新陈代谢。通常采用表面积与体积的比值（即比表面积）来表示生物新陈代谢的活性。如乳酸杆菌的比表面积为120000，鸡蛋为1.5，而一个80kg的人的比表面积仅为0.3。乳酸杆菌1h所产生的乳酸为其体重的1000～10000倍，而一个人要想得到1000倍于自身体重的糖代谢物将需40多年，由此可见细菌代谢效率之高。

二、细菌细胞的一般构造及特殊结构

细菌细胞构造可分为两类：一类是一般细菌都有的，称为一般构造；另一类部分细菌具有或一般细菌在特殊环境下才有的，称为特殊构造。

细菌细胞的一般构造包括：细胞壁、细胞膜、细胞质、间体、核糖体、核质、内含物颗粒。特殊结构有荚膜、鞭毛、伞毛、芽孢。一个典型的细菌细胞构造如图2－6所示。

1. 基本构造

（1）细胞壁　细胞壁是细菌细胞的外壁，较坚韧而略有弹性，具有保护和成形的作用，还有固着鞭毛等结构的作用。

细菌细胞壁的共性是以肽聚糖（也称胞壁质）为骨架结构基本成分构成的网袋。根据细菌细胞壁结构的区别，可将细菌分为革兰阳性菌（G^+）与革兰阴性菌（G^-）两大类。G^+菌细胞壁较厚，20～80nm，含40%～90%肽聚糖，另外还结合有其他多糖及一类特殊的多聚糖；G^-菌细胞壁较薄，约10nm，只含10%的肽聚糖，2～3nm厚的肽聚糖层外还有8～10nm的脂蛋白和脂多糖。

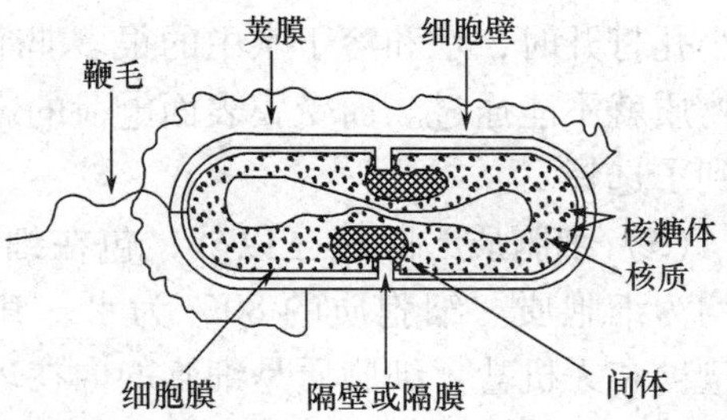

图2－6　细菌细胞的一般构造及特殊结构的模式图

G^+菌（经溶菌酶）脱去细胞壁后，剩下的部分称为原生质体。原生质体呈球状，对渗透压、振荡和离心作用敏感，但原生质结构和生物活性并未改变。在合适的条件下原生质体可以生长一段时间，甚至可以融合或分裂。在合适的再生培养基中，融合的原生质可以长出细胞壁，原生质融合技术已被应用到育种工作中。

（2）细胞膜　也称为原生质膜或质膜，细胞质外的一层薄膜，其厚度为5～8nm，是使细胞的内部同它所处的环境相隔离的最后屏障。细胞膜约占细胞干重的10%，它主要由蛋白质（约占60%）和类脂（约占40%）组成，其基本结构为磷脂双分子层的蛋白镶嵌结构。磷脂分子的亲水端都面向细胞质或外接，而其两条疏水尾巴则嵌入膜内，蛋白质镶嵌在细胞膜中（图2－7）。

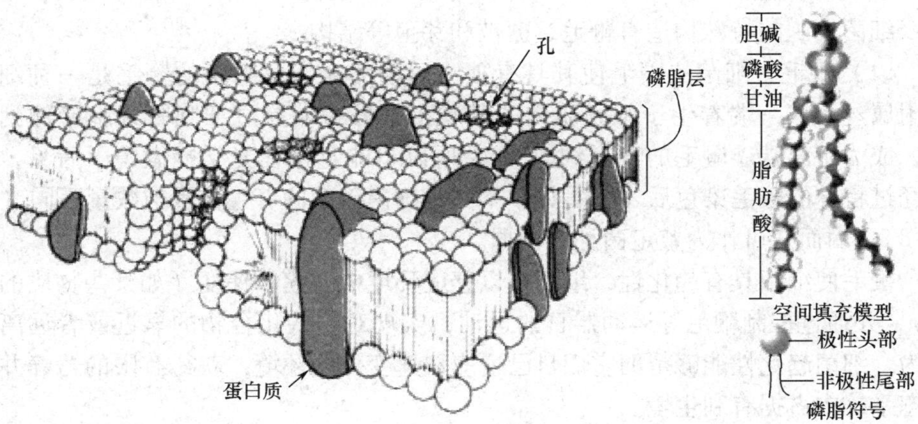

图2－7　细胞膜的结构

细胞膜是一层具有高度选择性的半透明薄膜，在营养的吸收和代谢物的分泌方面具有关键作用。细胞膜具有一定的流动性，使膜上的小孔不断打开和关闭，当小孔打开时，水和溶于水中的很多非带电分子可以通过；当小孔关闭时，水溶性物质就不能通过。而受膜表面电荷的影响，使离子化与非离子化物质的通过就受到了选择。

（3）细胞质　除核区以外，包在细胞膜以内的无色、透明、黏稠的胶状物质均为细胞质。细胞质的 80% 为水，其他的五分之一是蛋白质、核酸、脂类、少量糖和无机盐。细胞质是细胞的内在环境，含有各种酶系统，具有生命活动的所有特征，能使细胞与周围环境不断地进行新陈代谢活动。还可能存在内含体（贮藏颗粒）、羧酶体（CO_2固定位点）、间体等亚细胞结构。

由于细胞质内含有固形物量15% ~20%的核糖核酸，所以具有酸性，易为碱性和中性染料着色。但由于老龄细胞中核酸可作为氮源和磷源消耗，所以其着色力不如幼龄细胞强。

（4）遗传物质　在细菌细胞中有一个或几个原核，或称类核、核质，其功能是存储、传递和调控遗传信息。原核外面没有核膜，不是真正的核，原核中极大部分空间被卷曲的 DNA 双螺旋所填满。

很多细菌细胞内还存在染色体外的遗传因子，游离于核区之外具有独立复制的共价、闭合、环状的 DNA 分子，称为质粒，亦称 cccDNA。其相对分子质量较小，10^6 ~10^8，可以有 50 ~100 个基因，不同质粒的基因可以发生重组。

质粒可以自我复制，稳定遗传，也可插入细菌染色体中或与其携带的外源 DNA 片段共同复制增殖；它可以通过转化、转导和接合作用单独转移，也可携带染色体片段一起转移，这些特性使质粒成为基因工程中重要的外源基因运载工具之一。

2. 特殊构造

细菌细胞的特殊构造有鞭毛、糖被和芽孢等结构。

（1）鞭毛　细菌的鞭毛使其具有独立运动的能力。细菌的鞭毛是一种细长的附属丝，其一端着生于细胞质内的基粒上，另一端穿过细胞膜细胞壁伸到外部，成为游离端。鞭毛的直径约 20nm，所以不能直接在光学显微镜下看见，只有经过特殊的鞭毛染色后才可看见。不同的细菌鞭毛的着生位置与数量不同（图 2 -8），因而它可作为鉴定菌种的依据。

鞭毛使细菌具有趋化性，细菌可以感应环境中的化学梯度（如某些物质的浓度），并通过控制鞭毛等运动器官的运动，实现对这些化合物的靠近或者远离的行为。细菌趋化性能够帮助它们自己适应快速变化的环境，获得有限的营养并在生态系统中占据有利生境。

低等的细菌知道哪有营养往哪跑。同学们如果人在听着微生物的课，心却飞到游戏上，那进化程度就不如细菌了。

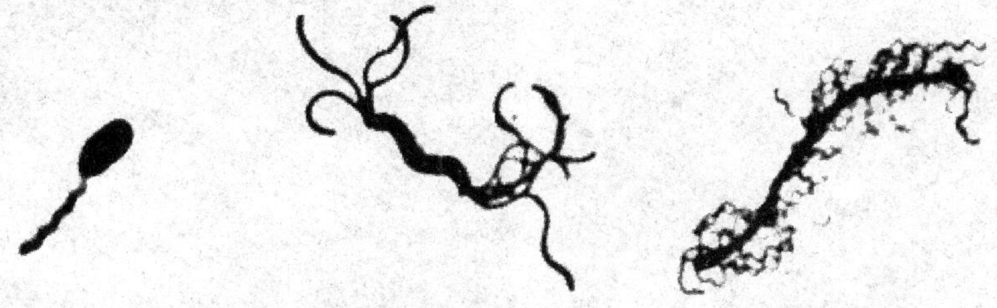

图2－8 细菌鞭毛的类型

（2）糖被 许多细菌分泌黏性物质在细胞外，其有无、厚薄与菌种遗传性状和环境条件密切相关。有些细菌分泌的黏性物质并不容易扩散，而是以一层厚膜状态包围在胞壁外，在细胞表面周围形成一个致密层，构成细菌细胞的荚膜。主要功能有：保护细菌免受干旱损伤，贮藏营养物质，细菌之间的信息识别等作用。

（3）芽孢 某些细菌在其生活史的一定阶段，在营养细胞内形成一个圆形、卵圆形或圆柱形的休眠体，称为芽孢，芽孢对不良环境尤其对热具有较强的抗性。热解糖梭菌的营养细胞在50℃下，短时间就死亡，而其芽孢在132℃，处理4.4min，才能被杀死90%，所以通常以芽孢作为评价杀菌效果的参照物，目前所知抗热能力最强的是嗜热脂肪芽孢杆菌的芽孢，在121℃下，湿热蒸汽处理12min才能被杀灭。因此，实验室一般灭菌的操作参数：在121℃下，湿热蒸汽处理15～20min，或在150～160℃的干热空气下，处理1～2h，以达到彻底灭菌的目的。

芽孢具有惊人的休眠能力，在普通保藏条件下，它能存活几年至几十年，甚至更长。所以常利用芽孢的这一特性，将菌种以芽孢的形式长期保藏。由于一个营养细胞内仅能形成一个芽孢，故芽孢无繁殖功能。

（4）伴胞晶体 有一些芽孢杆菌，如苏云金芽孢杆菌（简称Bt），在伴随芽孢形成的同时，在另一端形成一种菱形的碱溶性蛋白质晶体，称为伴胞晶体（图2－9），伴胞晶体对鳞翅目等200多种昆虫和动植物线虫具有毒杀作用。虫吃了后可破坏虫体的肠道，使害虫致死，因而它可制成对人畜无害的微生物农药。苏云金芽孢杆菌是目前世界上用途最广、产量最大、最为成功的微生物杀虫剂，占微生物杀虫剂总量的95%以上。目前较多的转基因玉米使用该技术抵御虫害。

一般主角身边都有一个武林高手护着闯关，伴胞晶体就是一个高手。

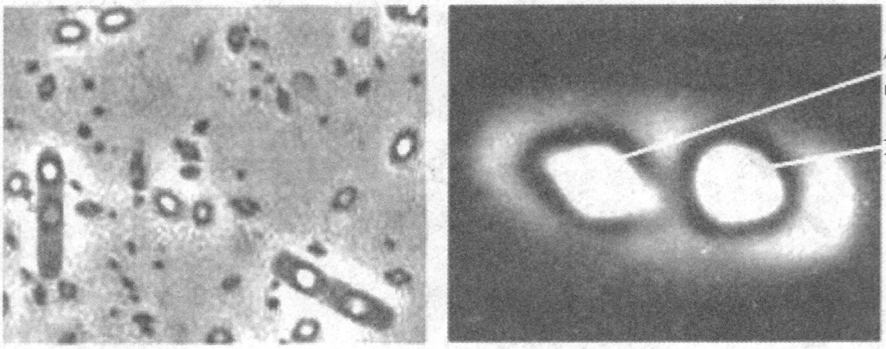

图 2-9　芽孢与伴胞晶体

三、细菌的繁殖方式和培养特征

细菌在合适条件下，通过积累生长，最终导致繁殖，主要繁殖方式为裂殖，少数可进行芽殖。

1. 细菌的繁殖及裂殖后细胞的排列方式

细菌一般进行无性繁殖，即细胞的横分裂，称作裂殖（图 2-10）。裂殖形成的子细胞常大小相等，称为同形裂殖。在陈旧培养基中也会出现大小不等的子细胞，称为异形裂殖。但通过电子显微镜的观察和遗传学的研究已证明，细菌中

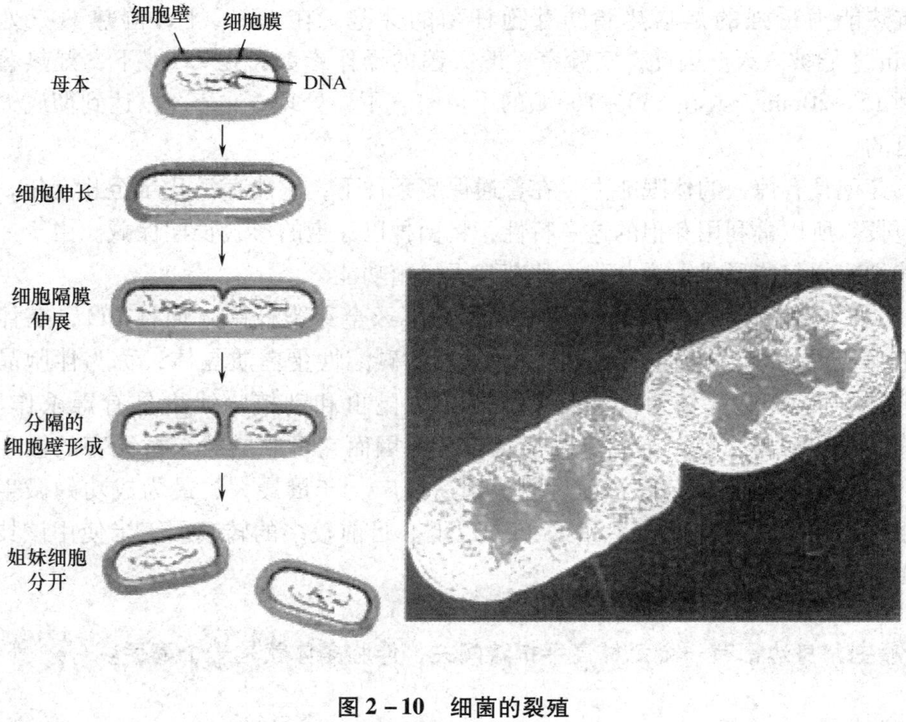

图 2-10　细菌的裂殖

亦存在有性接合，不过其频率较低，大量地仍以裂殖法为主。

“太极生两仪，两仪生四象”不就讲细菌的裂殖吗？莫非细菌也懂《易经》？

根据分裂的方向及分裂后各子细胞排列的状态不同，可形成各种形状的群体（图2－11）。

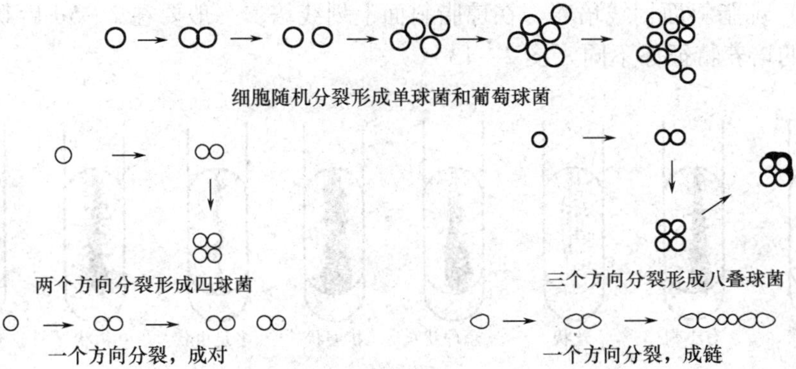

图2－11　裂殖后细胞的排列方式

2. 细菌的培养特征

（1）固体培养　细菌细胞的个体极小，用肉眼无法辨认。但当其接到合适的固体培养基上时，在合适的生长条件下，便会迅速生长繁殖，形成一个较大的子细胞群落，此群落称为菌落（colony），菌落相互连成一片，就是菌苔。

（2）平板培养　各种细菌在标准培养条件下形成的菌落具有一定的特征（图2－12），这对菌种识别和鉴定具有一定意义。

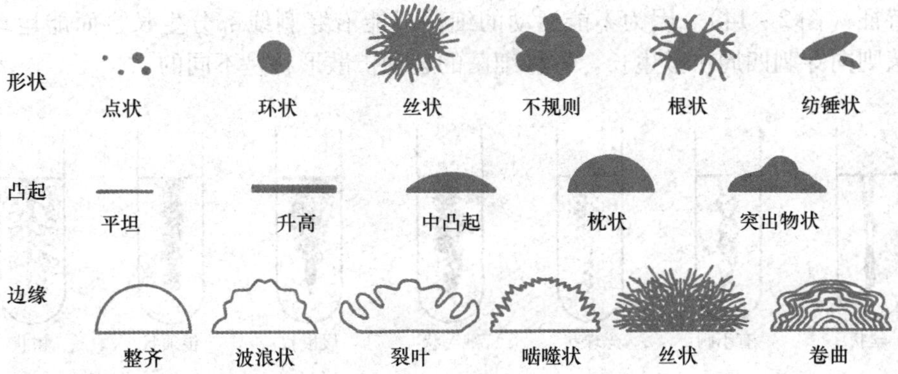

图2－12　细菌的菌落特征

注：使用以下术语描述特征：表面：光泽或暗黑；透光度：不透明，半透明，透明；色素：产色素（紫色，红色，黄色），不产色素（奶酪色，棕褐色，白色）；质地：粗糙或光滑。

细菌的菌落一般呈现湿润、较光滑、较透明、较黏稠、易挑取、质地均匀以及菌落正反面或边缘与中央部位的颜色一致等。这是由于细菌属单细胞生物，因此菌落内的细胞并没有形态、功能上的分化。无鞭毛、不能运动的细菌通常形成较小、较厚、边缘圆整的半球状菌落；有鞭毛的细菌一般形成大而平坦、边缘根状的菌落；有糖被的细菌，会长出大型、透明、蛋清状的菌落；有芽孢的细菌长出外观粗糙、干燥、褶皱的菌落。

（3）琼脂斜面划线培养　在琼脂斜面上划线培养一般要在2~5d后观察。每种细菌的培养特征亦不同（图2-13）。

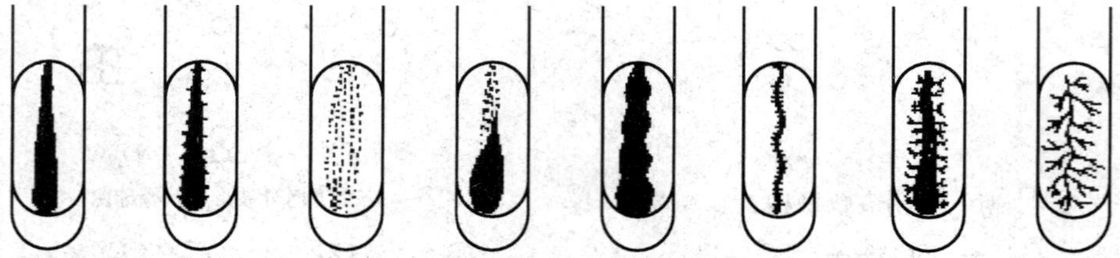

图2-13　斜面划线培养特征

菌落的形状和大小不仅决定于菌落中细胞的特性，还要受其邻近菌落的影响。菌落靠得太近时，由于营养物质有限，有害代谢物的分泌与积累，会使菌落的生长受到抑制。另外，菌落内各个细胞间也会因所处的空间位置不同，在营养物的摄取和空气的提供方面有差异，从而造成同一菌落中个体间在生理与形态上有所差异。

（4）半固体培养

①琼脂穿刺培养：在软琼脂培养基上进行穿刺培养主要是为了鉴定细菌的运动特征（图2-14）。因为不能运动的细菌只能沿穿刺线部分生长，而能运动的细菌则向穿刺四周扩散生长。各种细菌的运动扩散形状是不同的。

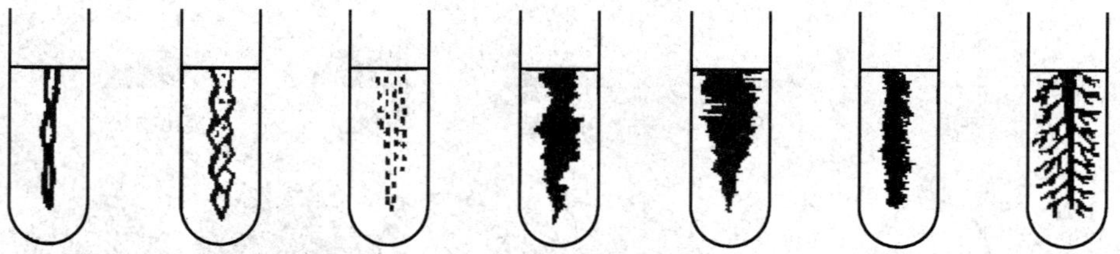

图2-14　软琼脂穿刺培养特征

②明胶穿刺培养：细菌若能在明胶培养基中生长繁殖，则说明它能产生明胶酶（即蛋白酶）水解明胶。明胶被水解后会形成一定形状的溶解区（图2-15）。

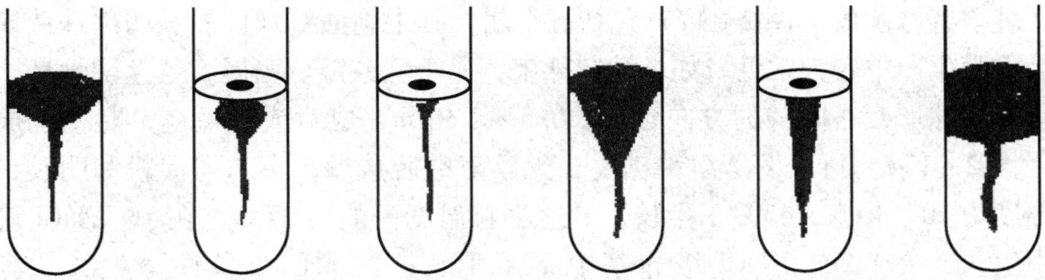

图 2－15　明胶穿刺培养特征

（5）液体培养　在肉汤中培养细菌是为了观察其液体培养特征，如相对密度、运动能力和对氧气的反应。一般培养 1～3d 后可以观察其表面（膜和环等）的生长情况、浑浊程度、沉淀情况、有无气泡和颜色等（图 2－16）。

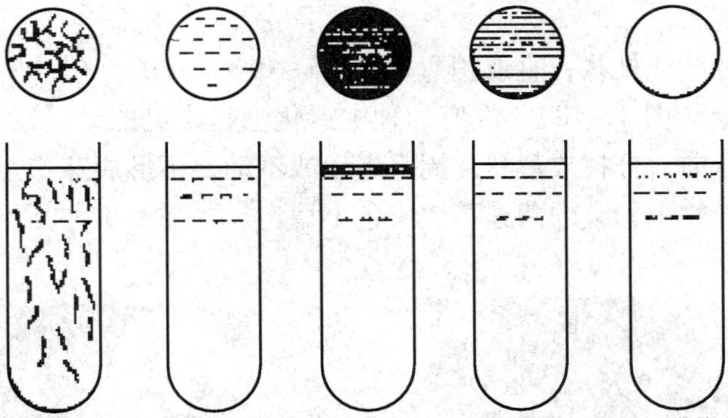

图 2－16　肉汤培养特征

四、黄酒中的细菌

1. 乳酸菌

乳酸菌有球状菌和杆状菌两种，大多数不运动，运动的乳酸菌具有周生鞭毛。乳酸菌无芽孢，通常排列成链，当周围环境中有糖类物质时，能够旺盛生长繁殖。可直接发酵乳糖，过氧化氢酶阴性，大多无色素。根据细胞呈球状或杆状，乳酸菌科分为链球菌族和乳酸杆菌族，其中乳酸杆菌属是食品工业中的常用菌种。

乳酸杆菌属有 15 种，均为革兰阳性菌，通常呈现细长杆菌，（0.5～1）μm×（2～10）μm，有的呈现长丝状，少数有双歧分枝或原始分枝。异型发酵菌（产物有乳酸、乙酸、CO_2 等）有多态性，不抗酸。在无糖或无酵母膏的培养基上，生长极差（是啤酒发酵的重要酸败菌），不分解脂肪，分解蛋白质的能力极弱。乳酸杆菌是微好氧或厌氧细菌，营养要求严格，可以在有生长素、糖、酵母膏的环境中或麦芽汁中生长繁殖。

乳酸链球菌族（图2－17）包括五个属，其中乳酸链球菌属、明串珠菌属在食品发酵生产中较为常见。如乳酸链球菌，属于乳酸链球菌属，革兰阴性菌，细胞呈现卵球形，略向链的方向延长，0.5～1.0μm，成对或成短链，有些也成长链（图2－17）。可以发酵多种糖类，无酪氨酸脱羧酶，不水解淀粉和明胶，生长温度为10～40℃，45℃不生长，最适生长温度一般为37℃；在4% NaCl培养基中生长，在6.5% NaCl培养基中则不生长；在pH9.2条件下生长，但在pH9.6时则不生长。发酵多种糖类，在葡萄糖肉汤培养基中能使pH下降到4.5～5.0，使葡萄糖发酵的最终产物是右旋乳糖（同型发酵）。主要用于乳制品工业和传统食品中，它属于饮料酒酿造过程中的有害菌。

传统的黄酒酿造有的使用浸米过程中产生的酸浆水，在传统干型黄酒配方中的“三浆四水”中的浆指的就是酸浆水，达到“以酸治酸”的效果。同时适量的乳酸有助于乳酸乙酯的形成，是酒体的主要香气成分之一。

2. 醋酸杆菌

细胞呈椭圆状或杆状，直或稍弯，（0.6～0.8）μm×（1.0～2.0）μm，单个、成对或成链（图2－18）。在有的种中退化型是常见的，可以是球形、膨大、细长、成堆、弯曲、分枝或丝状。周毛运动或不动，不形成芽孢。幼龄细胞革兰阴性，在老培养物中，有的菌株革兰染色不稳定。

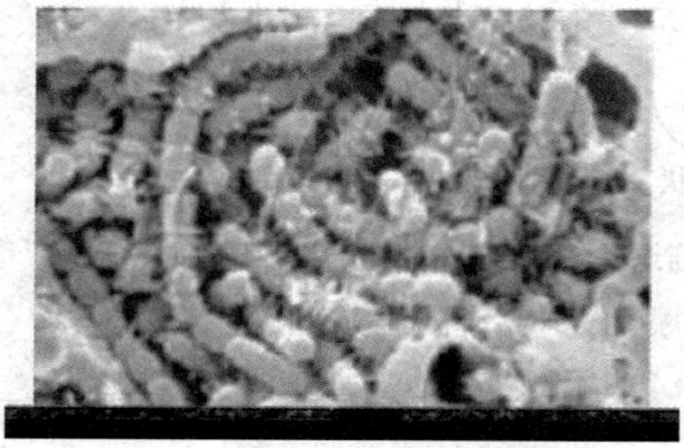

图2－17　乳酸链球菌

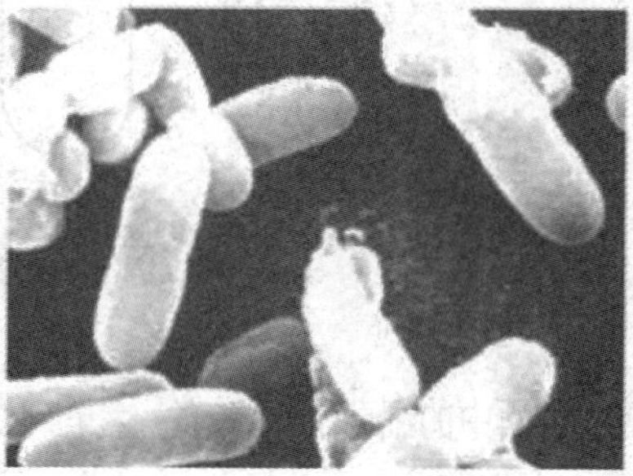

图2－18　醋酸杆菌

在中性和酸性（pH4.5）反应时可氧化乙醇为乙酸，乙酸盐和乳酸盐氧化得到CO_2和水。乙酸和乳酸是良好的碳源。大多数菌株可用六碳糖和甘油作为碳源；甘露醇和葡萄糖酸盐很少利用或完全不用；不水解乳糖、糊精和淀粉。在酵母膏和2%乙酸钙或乳酸钙上生长较好或良好。在10%酵母膏、5%葡萄糖和2%碳酸钙琼脂上生长良好，并产生许多葡萄糖酸和5－酮葡萄糖酸钙的结晶。

通常不产生色素，但细胞团由于产卟啉而呈粉红色；有些菌株能产生一种褐色的水溶性色素。

严格好氧，喜在液面繁殖，并形成菌膜，菌膜的性状随种而异，有的厚韧，有的带黏性，有的干松，有的起皱纹。生长温度范围为5～42℃，最适生长温度约 30℃，最适 pH5.4 ~6.3；在 pH4.0 ~4.5 生长，而在 pH7 ~8 很少生长。

通常在水果、蔬菜、酸果汁、醋和酒中发现。此菌常用于醋酸酿造工业。

第二节　酵　　母

数千年前，人们虽然不知道酵母菌是什么样子，但却利用酵母菌的发酵能力来酿酒，后来又用来烤制面包。在现代工业中，酵母除了用来酿制酒类、生产乙醇外，还可用于生产甘油、食用酵母、饲料酵母，石油脱蜡，发酵生产有机酸和酶制剂等。由于酵母细胞中富含核糖核酸、细胞色素 c、辅酶 A 等，所以它也是制药工业中的重要原料。

一、酵母的形态和大小

1. 细胞形态

酵母菌是一类单细胞微生物，不同于细菌，属真核微生物。酵母是一个通俗名称，一般泛指那些能够发酵糖类的，喜欢生长在含糖偏酸环境中的单细胞真核微生物。因此，它的细胞形态因种而异（图 2－19），除常见的球形、卵形和柱形外，某些酵母还具有高度特异性细胞形状，如柠檬形或尖形。

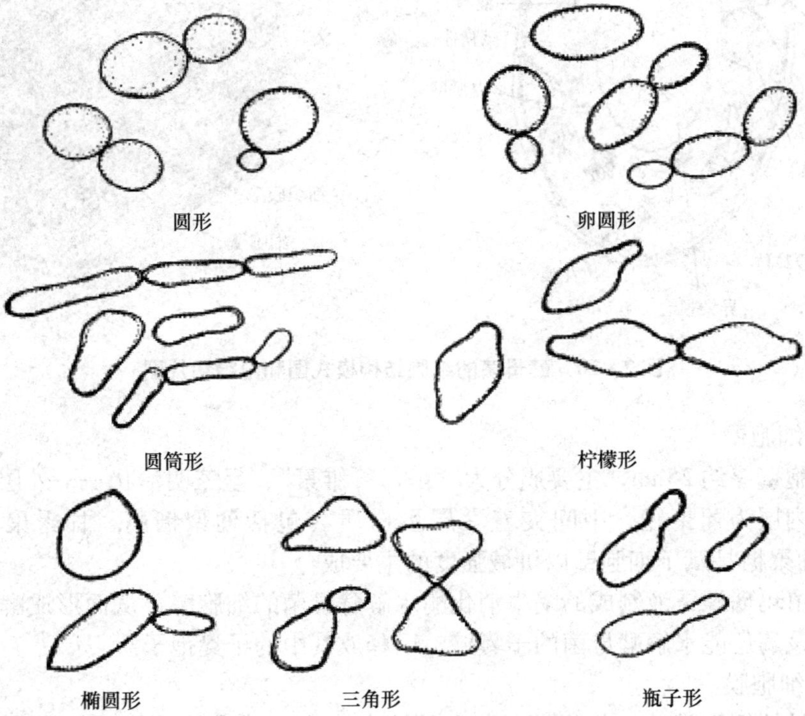

图 2－19　酵母菌细胞形态

2. 细胞的大小

酵母菌的细胞直径约为细菌的 10 倍，是典型的真核微生物。一般酵母细胞的长度为 2 ~ 3μm，而某些细胞可达 20 ~ 50μm，宽度一般在 1 ~ 10μm。酿酒酵母细胞的大小为（2.5 ~ 10）×（4.5 ~ 21）μm。

观察细胞大小和形态的培养基常用麦芽汁，但最好用合成培养基，因其具有较好的重复性。对不同的酵母菌的描述，应以在最佳的标准条件下得到的结果为依据。

二、酵母菌的细胞构造

酵母细胞（图 2 – 20）一般包括细胞壁（一些种中有黏性荚膜）、细胞膜、细胞核、一个或多个液泡、线粒体、核糖体、内质网、微体、微丝、内含物等，此外还有出芽痕和诞生痕。

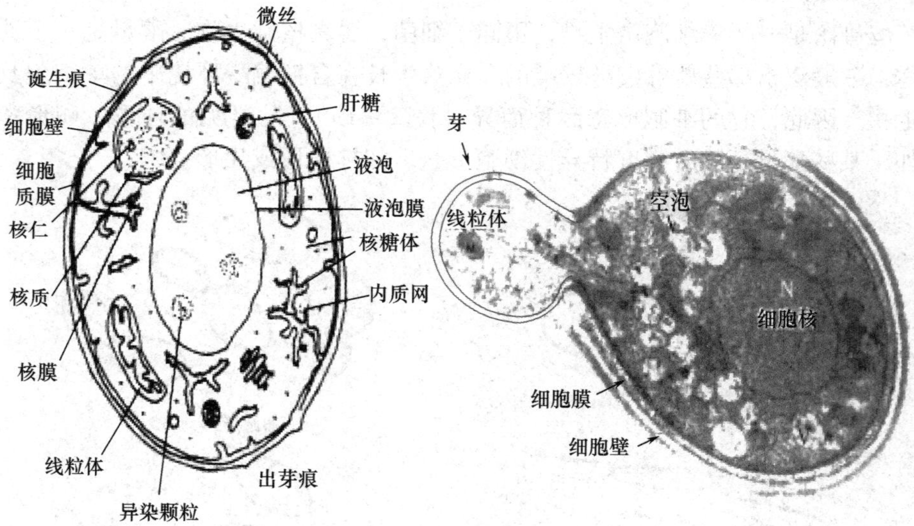

图 2 – 20 酵母菌的细胞结构模式图和电镜切片图

1. 细胞壁

细胞壁厚约 25nm，主要成分为“酵母纤维素”，呈三明治状——外层为甘露聚糖，内层为葡聚糖，中间夹着一层蛋白质（包括葡聚糖酶、甘露聚糖酶等酶），葡聚糖是赋予细胞壁以机械强度的主要成分。

可由玛瑙螺胃液制成的蜗牛消化酶水解酵母菌的细胞壁，从而形成酵母原生质体，该酶还能水解酵母菌的子囊壁，以释放其中的子囊孢子。

2. 细胞膜

酵母的细胞膜结构与细菌的细胞膜类似，主要成分为蛋白质、类脂和少量糖类。

酵母菌细胞膜上含有丰富的维生素 D 的前体——麦角甾醇，经紫外线照射后能转化为维生素 D_2，故可以作为维生素 D 的来源。

3. 细胞核和遗传物质

用相差显微镜即可观察到酵母菌由多孔核膜包裹起来的成形细胞核，是其遗传信息的主要贮存库。酿酒酵母的基因组共由 17 条染色体组成，其全序列已于 1996 年公布，大小为 12.052Mb，共有 6500 个基因，这是第一个测出的真核生物基因组序列。

酵母菌线粒体和质粒中也含有少量遗传信息。2μm 质粒是 1967 年在酿酒酵母中被发现的一个闭合环状 DNA 分子，长约 2μm。其生物学功能尚不清楚，但是基因调控的理想位点，可以作为酵母菌转化的有效载体，构建“工程菌”。

4. 微丝

酵母细胞表面有一种像头发丝一样的“微丝”。这些微丝的直径为 5 ~ 7nm，长度为 0.1μm，其主要成分是蛋白质。在酵母属中，这些短的微丝与酵母的凝聚性有关。

5. 液泡

在显微镜下观察酵母细胞时，经常能看到直径 0.3 ~ 3μm 的一个或多个大小不等的液泡。液泡一般呈球形，在光束照耀下，液泡较环绕着它们的细胞质更透明（图 2 - 21）。液泡在细胞发育的中后期出现，即酵母处于生长平衡期，不繁殖状态时特别明显。它的多少、大小可以作为衡量细胞成熟的标志，较大的液泡常将细胞核挤到细胞的边缘。

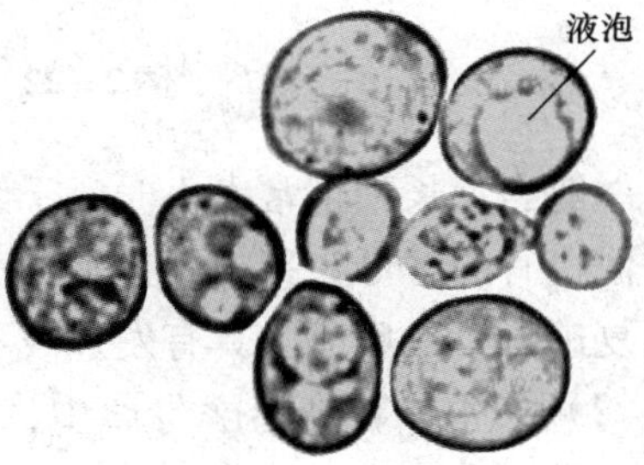

图 2 - 21　酵母细胞液泡

液泡也可作为若干水解酶类的储藏体，包括蛋白酶、核糖核酸酶和酯酶。若液泡破碎，可使细胞自溶。

三、酵母菌的繁殖方式和培养特征

1. 酵母菌的繁殖方式

酵母菌的繁殖方式有无性繁殖和有性繁殖两类，其中无性繁殖又分为芽殖和裂殖，在发酵工业中常用的酵母以无性繁殖中的芽殖为主。

（1）芽殖　酵母菌的出芽过程（图 2 - 22）：首先是细胞核邻近的中心体产生一个小的突起点，同时细胞表面向外突出，逐渐冒出小芽。然后部分已经增大的核、细胞质、细胞器（如线粒体等）进入芽内，最后芽细胞从母细胞得到一套完整的核结构、线粒体、核糖体、液泡等，与母细胞分离并成为独立的细胞。

在酿酒酵母中，若营养不受到限制，理论上每个细胞可产生 9 ~ 43 个芽。然而在正常情况下，在达到平衡期的正常群体中，大多数细胞没有出芽痕或只有很少的芽（1~6个）。

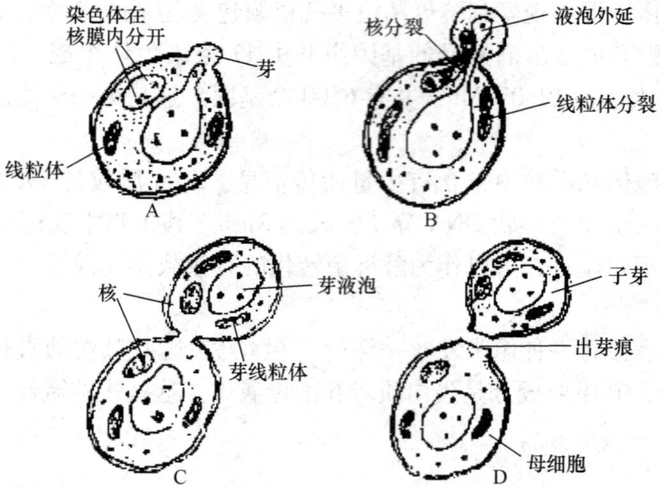

图2－22 酵母细胞的出芽过程

一般当芽长到正常大小时，子细胞就与母细胞脱离，以典型的单细胞状态存在。但也有的酵母在芽长到正常大小时仍与母细胞相连，而且还继续产生芽。如此反复进行，最后成为具有发达或不发达分枝的假菌丝。

（2）裂殖 在裂殖酵母属中，当酵母细胞的径间出现横隔之后，就会横向裂开形成两个细胞（图2－23），同时形成芽痕。伸长的母细胞和新生长的细胞随后又裂殖，长出新细胞，这种自我重复的过程，使得原细胞上新的痕圈不断叠加。

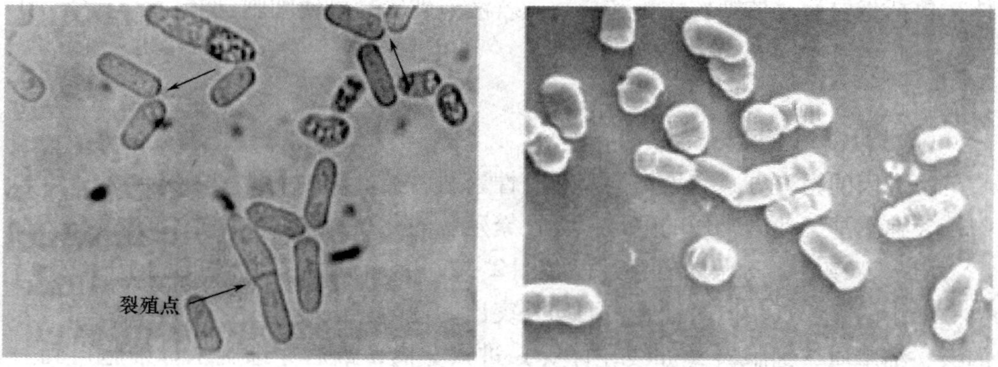

图2－23 裂殖酵母的裂殖和新痕圈的不断叠加

（3）有性繁殖　酵母菌以形成子囊孢子的方式进行繁殖的过程，称为有性繁殖。此繁殖过程是：首先由两个具有性亲和性的单倍体酵母细胞各伸出一根管状原生质体突起，然后接合而成一接合桥，先行质配，继而进行核配，形成一个双倍体。随后在一定的条件下双倍体细胞成为子囊进行减数分裂；进而分裂成不同数的子核，形成子囊孢子。

酿酒酵母的品种不同，产子囊孢子情况差异很大，一些啤酒酿造用酵母产子囊孢子性能则明显退化，但面包酵母产子囊孢子性能极强。

2. 酵母菌的培养特征

酵母菌属在固体培养基表面（图2－24），特征较为明显。

（1）一般呈现较湿润、较透明，表面较光滑，容易挑起，菌落质地均匀，正面与反面及边缘与中央的颜色较一致。

（2）菌落相比细菌菌落，较大、较厚、外观较稠和较不透明。

（3）菌落以乳白色或矿烛色为主，只有少数为红色，个别为黑色。

（4）不产假丝的酵母菌，菌落隆起，边缘圆整；产假丝的酵母，菌落扁平，表面和边缘粗糙。

（5）酵母由于酒精发酵，菌落一般还会散发一股悦人的酒香。

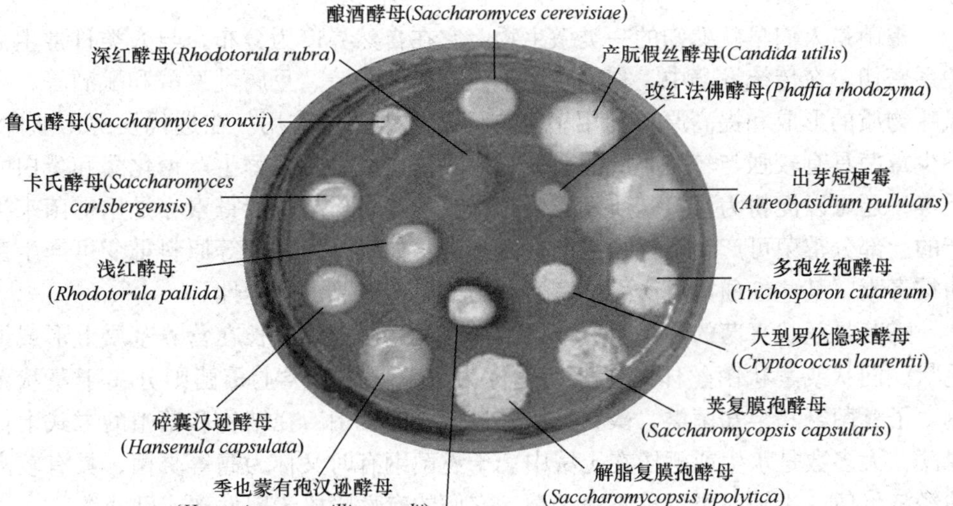

图2－24　酵母菌菌落形态

四、酵母菌与细菌的异同

酵母菌与细菌的异同见表2－1。

表2-1 酵母菌与细菌的异同

特征	酵母菌	细菌
细胞形态	一般为单细胞，呈球形、卵形、椭圆形，也有腊肠形等。有的有假菌丝或真菌丝	单细胞，呈球形或杆状
细胞大小	一般细胞直径或宽度为3~6μm，长度为几十微米	一般细胞直径或宽度为0.3~0.6μm，比酵母小得多
菌落形态	一般有奶油状的单细胞集群、有光泽或光滑、黏稠，易挑起	一般为易挑起的单细胞集群，有各种颜色，表面特征各异
繁殖方式	一般为芽殖，少量为裂殖，有的具有性繁殖	一般为裂殖
细胞结构	具有完整的细胞核和线粒体等，细胞壁组成主要为葡萄糖和甘露聚糖等	只含有核质体，细胞壁组成主要为肽聚糖、脂多糖等
生长 pH	偏酸性	中性偏碱

第三节 霉 菌

霉菌是人们早就熟知的一类微生物，它在自然界广为分布，与人类日常生活关系密切。在传统发酵中，霉菌多用于酱与酱油酿造、豆腐乳发酵和酿酒等，在风味物质的形成和提高原料利用率等方面发挥重要的作用。在近代发酵工业中，不少霉菌具有较强与较完整的酶系，它们不仅可以直接发酵生产糖化酶和蛋白酶类等，还可以淀粉为直接基质发酵生产柠檬酸等有机酸，青霉素亦是用霉菌来生产的。部分霉菌可产生毒性很强的真菌毒素，如玉米、小麦等原料霉变可产生黄曲霉毒素，某些红曲霉可产生橘霉素，影响酿造产品的安全性。

霉菌是丝状真菌的一个俗称。通常具有发达菌丝体，长在营养基质上形成绒毛状、网状或絮状菌丝体的真菌，统称为霉菌。在分类上霉菌则分属于藻状菌纲、子囊菌纲和半知菌类。藻状菌纲是最低级的真菌，在结构和繁殖的方式上像绿藻，大多数是水生或栖居在土壤中。子囊菌纲有时又称为高等真菌，具有较高的经济价值。半知菌类也称不完全菌，它们的有性阶段未曾发现或已消失。

一、霉菌的形态

菌丝是霉菌营养体的基本单位，由孢子发芽而成。菌丝（图2-25）可分为两类，一类无横隔，整个菌体就是一个含有多个细胞核的单细胞；另一类有横隔，每一段就是一个细胞，在横隔的中央有小孔，可以进行细胞质和营养的互通。许多菌丝分枝连接，交织构成菌丝体。有些霉菌的菌丝会聚集成团，构成一种坚硬的休眠体，称为菌核。

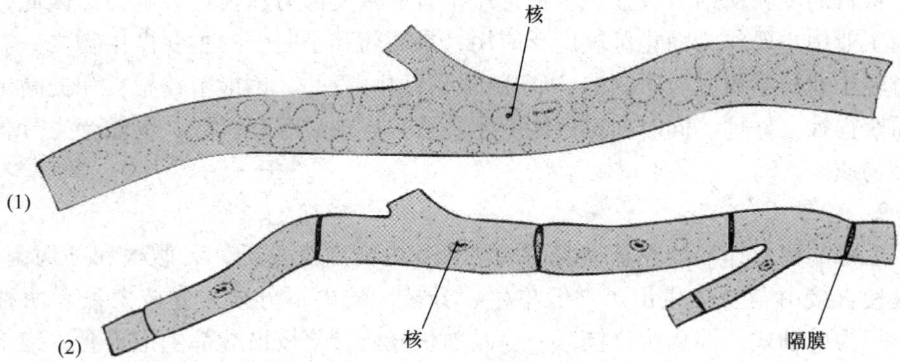

图 2-25　霉菌的菌丝

（1）霉菌的无横隔菌丝　（2）霉菌的有横隔菌丝

菌丝可以分化成为特殊的结构或组织，在固体培养基上，一部分菌丝伸入培养基内层以吸收营养，称为营养菌丝，可产生假根伸入基质内部；另一部分菌丝伸入空气中，称为气生菌丝，可进一步发育分化成繁殖器官。

菌丝细胞由细胞壁、细胞膜、细胞质、细胞核和其他内含物组成，老龄的菌丝含有大液泡，多数细胞壁主要由几丁质构成。

二、藻状菌纲

1. 根霉

根霉在培养基上或自然基物上生长时，由营养菌丝体产生弧形的匍匐菌丝，向四周蔓延，菌丝内通常无隔膜，并由匍匐菌丝生出假根，再接触基物（图 2-26）。与假根相对，向上生出孢囊梗，顶端形成孢子囊，内生孢囊孢子。

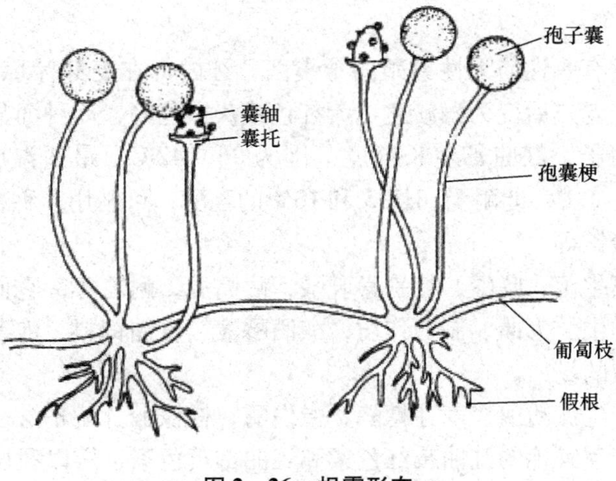

图 2-26　根霉形态

根霉的淀粉酶活力较强，米根霉还稍有酒精发酵力和蛋白分解力。因此，在酿酒工业中主要作为糖化菌被广泛应用，是酒药和小曲中的主要微生物之一。贵州省轻工业科学研究所研制的“Q303 根霉糖化菌种”，因能节约粮食和提高出酒率而获得社会好评。同时根霉还能产生乳酸、琥珀酸等有机酸，也能产生芳香性酯类物质。

2. 毛霉

毛霉的菌丝体在培养基物表面或培养基内能广泛蔓延，无假根和匍匐菌丝，孢囊梗直接由菌丝体生出。一般单生、分枝，较少不分枝。分枝大致有两种类型：一为单轴式，即总状分枝，一为假轴状分枝。分枝顶端都生孢子囊，孢子囊呈球形，囊壁上常带有针状的草酸钙结晶。大多数种的孢子囊成熟后，其壁易消失或破裂，而且留有残迹，称为囊领。囊内部有囊轴，形状不一。囊轴与孢囊梗相连接处无囊托。

毛霉的用途也很广泛，毛霉能够糖化淀粉并生成乙醇，也能产生蛋白酶，有分解大豆的能力，因此，毛霉也常用作豆腐乳和豆豉的生产菌。

3. 犁头霉

菌丝体近似根霉，但假根与孢子梗并不对生。发酵工业中利用犁头霉转化甾族化合物。酒曲中常见的犁头霉是分枝犁头霉和轮生枝犁头霉，它们的最适生长温度为37℃，菌落淡灰色或灰蓝色。制曲时，如通风不良，温度过高，该菌生长较快，而且菌丝表面上有凝集的水珠。

三、子囊菌纲

子囊菌的菌丝是典型的有隔菌丝形成多细胞，通常一个菌丝细胞只有一个核，但多核的菌丝也十分普遍，但这类菌的隔膜中央常有孔，此孔可以使原生质从一个细胞流入另一个细胞，从而使菌丝的各部分之间有机地联系起来。

1. 红曲霉

红曲霉是具有有性与无性繁殖的子囊菌。红曲霉在麦芽汁琼脂上生长良好，菌落初为白色，老熟后变为淡粉色、紫红色或灰黑色等，因种而异，菌落反面有规则的放射状褶子。红曲霉生长温度范围为 26～42℃，最适温度是 32～35℃，最适 pH 为3.5～5.0，能耐受 pH2.5 和10% 的乙醇，可利用多种糖类和酸类为碳源，能同化硝酸钠等。

红曲霉是腐生菌，嗜酸，特别喜乳酸，耐高温，耐乙醇，它们多出现在乳酸自然发酵的基物中。大曲、制曲作坊，酿酒醪液、青储饲料、泡菜、淀粉厂等都是适于它们繁殖的场所。

红曲霉能产生淀粉酶、麦芽糖酶、蛋白酶、柠檬酸、琥珀酸、乙醇、麦角甾醇等。有些种产生鲜艳的红曲霉红色素和红曲霉黄色素，所以我国多用它们培制红曲米（图2－27）。1979 年日本的远藤章还发现某些红曲霉菌株能高产具有降血脂功能的洛伐他汀（莫纳克林 - K），但是法国的 P. J. Blanc（P. J. 布朗克）发现某些红曲种能产生橘霉素，对人体的肾脏功能有害。

图 2-27　红曲米

红曲霉由于能产生淀粉酶，且耐酸，耐乙醇，因此能与酵母菌协同生长。因此在浙江南部和福建大部分地方，采用红曲和酵母混合发酵生产红曲酒。由于红曲具有大量的功能性成分，因此红曲酒的保健功效高于麦曲酒的功效。

2. 黑曲霉

黑曲霉是指具有黑色或近于黑色孢子的菌株。黑曲霉（图 2-28）一般菌落生长初期为白色、鲜黄色，继而变为黑褐色，反面无色或中央部分略带褐色。分生孢子呈放射状，顶囊近球形，小梗双层。黑曲霉具有很强的糖化酶活力，在大曲和麦曲中出现。

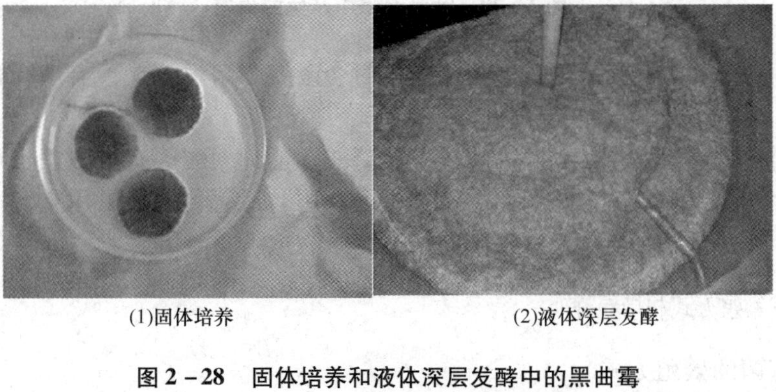

(1)固体培养　(2)液体深层发酵

图 2-28　固体培养和液体深层发酵中的黑曲霉

浙江温州等地使用黑曲霉和红曲霉，混合培养生产乌衣红曲，作为黄酒的糖化剂。由于黑曲霉的产酸能力较强，糖化能力较强，因此乌衣红曲生产的黄酒虽然出酒率较高，但品质不如红曲酒。

3. 黄曲霉

一般菌落初期为白色、黄色，继而变为黄褐色至淡绿色，反面无色。黄曲霉在自然界分布极广，某些菌种能产生黄曲霉毒素。酿酒原料霉变所产生的黄曲霉毒素，蒸馏后不能进入酒中，但酒糟中含有黄曲霉毒素，不能作为饲料。

米曲霉是黄曲霉中在酿造工业上应用最广泛的一个种，已被证明不产生黄曲霉毒素，有较强的糖化酶和蛋白酶活力，所以，多用于酒的酿造生产中。

4. 青霉

青霉菌分布很广，是生产和实验室常见的污染菌（图2－29），属半知菌纲。在低温或营养条件极端缺乏的情况下也可以生长，孢子的耐热性很强，孢子扩散后，能生长在空间的任何角落。在制曲低温时生长更为旺盛。曲种或菌种储存时容易受其感染，能寄生在曲霉中，妨碍曲霉的生长。

图2－29　黄酒浸米中产生的青霉

菌落颜色大多为灰绿色，但菌落变老时会改变。菌丝体无色、淡绿色或具鲜明的颜色，有分隔，培养温度为25～28℃。

有些青霉能产生柠檬酸、延胡索酸、草酸、葡萄糖酸等有机酸，也可用于食品加工，如制造干酪。它们产生的酶类也可利用。最著名的是可用它们来生产抗生素，如利用产黄青霉系选育出来的某些菌系制造青霉素等。

四、霉菌的繁殖方式和培养特征

1. 霉菌的繁殖方式

霉菌的生活史包括了它的无性世代和有性世代，但在发酵工业生产上起作用的一般是它的无性世代。

藻状菌无性繁殖的孢囊孢子在孢子囊壁消解时被释放出来，在适宜条件下，孢子用芽管发芽，发展成棉絮状且分枝很多的白色气生菌丝。菌丝产生很多匍匐菌丝，它们在某些点上形成假根，直接在假根的上方产生一根或多根孢囊梗，孢囊梗成熟时顶端膨大，开始形成孢子囊。

子囊菌的有性繁殖是通过子囊孢子质配后，形成单核或多核细胞。子囊菌的无性繁殖是通过分生孢子和节孢子完成的。

2. 霉菌的菌落特征

霉菌的菌落有明显的特征，颜色多样且稳定，外观上容易辨认。

（1）菌落形态较大，质地疏松，外观干燥，不透明，呈现蛛网状、绒毛状、棉絮状或毡状。

（2）菌落与培养基间连接紧密，不易挑取。

（3）菌落正反面，边缘与中心的颜色、构造不一致，这主要是越接近中心的气生菌丝生理年龄越大，发育分化和成熟也越早，故颜色比菌落边缘尚未分化的气生菌丝要深，结构也更为复杂。

3. 霉菌液体培养时的特化形态

真菌在液体培养基中进行通气搅拌或振荡培养时，往往会产生菌丝球（图2-30）的特殊构造。菌丝体相互紧密纠缠形成颗粒，小颗粒均匀地悬浮于培养液中，有利于氧传递、营养和代谢物质传递；但大的菌丝球不利于物质传递。

图2-30　麦芽汁培养的黑曲霉菌丝球

五、霉菌与酵母菌的异同

霉菌与酵母菌的异同见表2-2。

表2-2 霉菌与酵母菌的异同

特征	酵母菌	霉菌
菌体形态	一般为单细胞的球形、卵形、椭圆形，也有腊肠形。有的有假菌丝或真菌丝，但远没有霉菌典型	为菌丝体，有气生菌丝和营养菌丝之分，体积远较酵母为大
菌落形态	一般为奶油状的单细胞集群，有光泽或光滑，黏稠状，易挑起	一般为绒状、毡状或网状的菌丝，集群不光滑，不黏稠，孢子易蘸取
繁殖方式	主要为芽殖，少量裂殖，有的具有有性繁殖，产生子囊孢子等	有的为无性繁殖，有的为有性繁殖，具有多种孢子
细胞壁组成	主要由葡聚糖和甘露聚糖等组成，几丁质含量极少	一般由几丁质组成，有的含有纤维素
对氧的要求	好氧或兼性好氧	专性好氧

思考题

一、名词解释

1. 原生质体
2. 质粒
3. 酵母细胞壁的三明治结构
4. 假丝酵母
5. 真酵母
6. 霉菌
7. 气生菌丝和营养菌丝

二、判断题

1. 发酵工业中最常用的微生物是球菌和杆菌。（　）
2. 细胞的形状明显地影响细菌的行为和其稳定性，但环境也能影响细胞的形状和排列方式。（　）
3. 细胞壁的主要作用是保护和成形。（　）
4. 细菌的菌毛一般与细菌的运动相关。（　）
5. 芽孢是细菌的繁殖器官。（　）
6. 细菌最主要的繁殖方式是裂殖，分为同形裂殖和异形裂殖。（　）
7. 酵母的主要繁殖方式是芽殖。（　）

8. 酵母菌的液泡一般在细胞发育的中后期出现。（　）

9. 酵母诞生痕一般在细胞长轴的末端。（　）

10. 根霉的淀粉酶活性较强。（　）

11. 毛霉既能产生淀粉酶也能产生蛋白酶。（　）

12. 毛霉也有假根和匍匐菌丝。（　）

13. 子囊菌纲的有性繁殖方式是产生子囊孢子。（　）

14. 发酵工业生产中，子囊菌一般进行无性繁殖。（　）

三、简答题

1. 革兰染色的原理是什么？

2. 简要说明琼脂斜面培养基、明胶半固体培养基、琼脂半固体培养基、肉汤培养基在细菌鉴定过程中的作用。

3. 酵母的菌落特征是什么？

4. 霉菌的菌落形态是什么？

5. 列举细菌、酵母菌和霉菌细胞壁中骨架结构的主要成分。

四、论述题

酵母菌的开发利用前景有哪些？

实训二　微生物的制片与显微镜的使用

一、目的要求

1. 掌握显微镜的使用方法（低倍镜、高倍镜、油镜）。

2. 掌握微生物制片技术。

3. 了解常见的微生物形态特点。

二、实训原理

一台显微镜包括机械系统和光学系统两大部分，现在一般实验室里常用的是双目光学显微镜（图1）。

1. 机械部分

(1) 镜筒　显微镜上部是圆形中空的长筒，筒口上端安装两个相同放大倍数的目镜，下端与物镜转换器相连，作用是保护成像的光路与亮度。由于观察者的瞳距有所不同，双筒显微镜多配有瞳距调整装置。

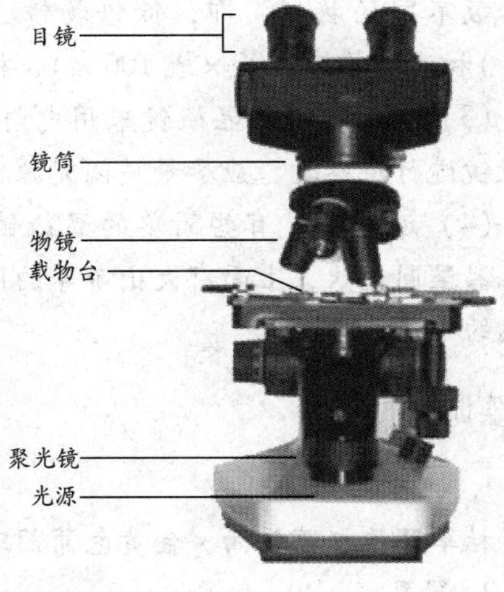

图1　双目光学显微镜

（2）转换器　固定在镜筒下端，分两层，上层固定不动，下层可自由转动。转换器上有2～4个圆孔，用来安装不同放大倍数的物镜。

（3）物镜　安装在转换器下半部分的透镜，多为放大倍数不同的四个。可通过旋转转换器改变观察用物镜。

（4）粗准焦螺旋　在镜臂的下部，直径较大。通过转动粗准焦螺旋，使载物台上下移动，从而粗略地调节像距。

（5）细准焦螺旋　在镜臂的下部，一般与粗准焦螺旋同心安装，直径较小。它调整像距的范围较粗准焦螺旋小，可以精细调整像距。

（6）镜座　显微镜的底部、镜臂下方呈马蹄形的金属座，用以稳固和支持镜身。

（7）镜柱　从镜座向上直立的短柱。上连镜臂，下连镜座，可以支持镜臂和载物台。

（8）载物台　从镜臂向前方伸出的金属平台。呈方形或圆形，是放置载玻片或标本的地方。中央有通光孔，通光孔左右各有一个弹性的金属压片夹，用来固定载玻片。

（9）推进器　较高级的显微镜，在载物台上常具有推进器，它包括夹片夹和推进螺旋，除夹住切片外，还可使切片在载物台上左右方向和上下方向移动。

2. 光学系统

（1）目镜　又称接目镜。它是安装在镜筒上端的凸透镜镜头。每台显微镜的目镜都配有一套，一般包括例如5×、10×、15×、20×。镜筒上只能安装一个目镜，通常选择10×。

（2）物镜　是决定显微镜质量的关键部件。安装在转换器的孔上，也是由一组透镜组成的，能够把物体清晰地放大。一般转换器上同时安装3个或4个放大倍数不同的物镜，即，低倍物镜（4×、8×或10×）、高倍物镜（40×或45×）和油浸物镜（90×或100×），根据需要选择使用。

（3）光源　双目显微镜采用电灯作为光源，并可调整光源亮度。在不使用显微镜进行观察时，应尽量关闭光源，以延长灯泡使用寿命。

（4）遮光器　有些简单的显微镜无聚光器和虹彩光圈，而是装有遮光器。遮光器呈圆盘状，上面有大小不等的圆孔（光圈）。光圈对准通光孔，可以调节光线的强弱。

三、实训器材

1. 材料

枯草芽孢杆菌斜面、金黄色葡萄球菌斜面、酵母菌斜面或液体试管。

2. 器具

显微镜、二甲苯、香柏油、擦镜纸。

四、实训步骤

1. 低倍镜观察

(1) 打开镜箱，一手握住镜臂，一手托住镜座，取出显微镜。调整显微镜位置，距离桌面10cm，调整座位以便于操作。

(2) 打开电源，调节光源亮度，将光圈调到最小。

(3) 打开载物台的夹片夹，夹片。从侧面观察，调节推进器螺旋，使光线透过盖玻片中间。

(4) 旋转转化器（回旋盘），最低倍数（×10）的物镜对准标本（听到“咔”的一声表明光路对准）。

(5) 从侧面观察，调节粗准焦螺旋使载物台升到最高。

(6) 眼睛对准目镜，调节双目距离，直到双眼看到单一圆形视野。

(7) 慢慢调整粗准焦螺旋，观察到图像，后调节细准焦螺旋使图像清晰。

(8) 旋转转换器，使稍高倍数（×40）的物镜对准，调节光源亮度至适宜强度，调节细准焦螺旋调（半圈至一圈）使图像清晰。

(9) 载物台调至最低，取出载玻片，用擦镜纸擦拭物镜和目镜镜头，调整镜头为“八”字形，再擦载物台。

(10) 调节亮度至最小，关闭电源，目镜恢复原状，套上袋子，放回镜箱。

(11) 整理并清洁台面。

2. 油镜的使用与清洁

(1) 同低倍镜观察方法（1）~（8），用低倍镜找到清晰镜像。

(2) 在标本上滴一小滴香柏油。

(3) 旋转转化器，使×100的物镜对准，并浸于油滴内。

(4) 调节光圈和光源亮度，使视野亮度适宜，调节细准焦螺旋，观察到清晰图像。

(5) 将载物台调至最低，取出标本。用擦镜纸将镜头上的油揩净，另用擦镜纸蘸少许二甲苯揩拭镜头，再用擦镜纸揩干。必要时可用乙醇和乙醚的混合液擦拭。

(6) 整理同低倍镜观察方法（10）、（11）。

3. 制片

采集微生物样品时，注意不被环境、工具污染，应使用无菌器具采集样品。

(1) 滴一滴无菌生理盐水于干净的载玻片上。

(2) 无菌操作，用接种环取样品少许。

(3) 在载玻片的水滴上均匀混合。

(4) 盖玻片的一侧以30°角接近小液滴的边缘，盖好后无气泡。

（5）通过显微镜观察标本，了解微生物的形态。

五、实训结果

绘制所观察到的细菌形态，注明样品、采集地、放大倍数等信息。

六、思考题

1. 在进行镜检时，为什么要先用低倍镜再用高倍镜？
2. 用低倍镜头进行显微镜观察时，为什么要将光圈调至最小？
3. 使用油镜的目的是什么？
4. 在显微镜使用过程中，你认为哪个步骤对观察结果的影响最大？

实训三　细菌的简单染色和革兰染色

一、目的要求

1. 掌握规范使用显微镜的方法。
2. 掌握简单染色的方法。
3. 理解革兰染色的原理，掌握革兰染色的方法。

二、实训原理

细菌个体小而透明，普通显微镜下直接观察较难得到清晰镜像。经碱性染料，如碱性复红、美蓝、结晶紫、孔雀绿、番红染色后，借助颜色的衬托，能观察细菌的形态、大小和排列方式，但不能辨别构造。

革兰染色是细菌染色中一种重要的鉴别染色法。细菌涂片经结晶紫初染，加碘液媒染，再加酒精脱色，最后用番红复染。若细菌不被脱色，保留紫红色，称为革兰阳性（G^+）；若细菌被脱色，染上复染剂，呈现粉红色，称为革兰阴性（G^-）。革兰染色受到菌龄、培养基成分和染色方法影响较大，一般采用幼龄菌染色。

三、实训器材

1. 材料

培养16h的枯草芽孢杆菌斜面、金黄色葡萄球菌斜面、大肠杆菌斜面、二甲苯、香柏油、亚甲基蓝染液、革兰染液。

2. 器具

显微镜、擦镜纸、载玻片、接种环、酒精灯。

四、实训步骤

1. 了解大肠杆菌等有害细菌的危害

2. 简单染色

(1) 涂片 滴一滴生理盐水于干净的载玻片上；按无菌操作，用接种环取待检测微生物少许；将采取的待检样品与载玻片上的水滴均匀混合；将此混合物均匀地涂成薄薄的一层。

(2) 干燥 置于室温下干燥或用酒精灯烘干，注意载玻片不得接触酒精灯外焰。

(3) 固定 标本朝上，在酒精灯的火焰上快速通过2～3次，载玻片的温度不超过60℃，菌体紧贴在载玻片上不脱落。

(4) 染色 滴加一滴结晶紫染液，染色1～3min。

(5) 水洗与干燥 用清水冲洗多余的染料（勿使水流直接冲刷涂片处），直到洗下的水呈无色为止，室温干燥或酒精灯烘干，方法同上。

(6) 镜检 通过显微镜观察标本，了解微生物的形态。

3. 革兰染色（混合涂片染色）

(1) 混合涂片 在玻片两端分别涂两种菌，中间混合涂菌。涂片、干燥、固定同简单染色法。

(2) 初染 滴加草酸铵结晶紫，覆盖涂片染色1～2min，并用缓流水冲去残余染料。

(3) 媒染 碘液浸没1min，并用缓流水冲去残余碘液，用滤纸吸干。

(4) 脱色 白色背景下，慢慢滴加95%乙醇脱色，直至酒精不呈紫色(15～20s)，当流出液无色时用水洗去乙醇，并用滤纸吸干。

(5) 复染 番红复染液染色2min，水洗，滤纸吸干。

(6) 镜检 通过显微镜观察标本，判断待检细菌的类型。

五、实训结果

实验结果填入表1中。

表1 实验结果

菌名	菌体颜色	细菌形态	结果

六、思考题

1. 革兰染色成功的关键点是什么？

2. 革兰染色法为何要求用幼龄菌进行染色?
3. 为什么会出现假阴性，试分析原因。

拓展阅读

“好奇号”火星车携带数以万计的微生物

“好奇号”向火星进发时，也顺便带上了一些不速之客。据美国航空航天局(NASA)估计，它携带了大约27.8万个细菌孢子。其实以航天器的标准来评价，“好奇号”已经是干净得一尘不染。它所有的部件在上天之前，都经过消毒，并被小心地存放在无菌室里，大量减少它们携带的细菌。

“好奇号”等火星探测项目，也受到一些人士的批评。他们希望严格保护太阳系中可能孕育生命的地区，因为生物入侵已经成了地球上的一个大问题，而地球微生物可能对火星造成的影响仍然不甚明确。

在最近的一个会议上，研究人员探讨了火星目前的可居住性。有人在模拟实验室中，通过模拟火星的部分环境条件，进行实验。其中美国佛罗里达大学的安德鲁·舒尔泽（Andrew Schuerger）描述的一系列实验似乎最引人注目。火星恶劣环境的三大特点是低气压、低温和大气层极度缺氧而富含二氧化碳，但他的实验证明，这些对地球生物来说并不足以致命。实际上，即使在这样的条件下，一些微生物也不会就此进入休眠期，而是能够继续生长繁殖。

舒尔泽和他的同事——同在佛罗里达大学工作的维恩·尼克尔逊（Wayne Nicholson)，还有其他合作者，通过无菌操作收集了在“好奇号”表面和佛罗里

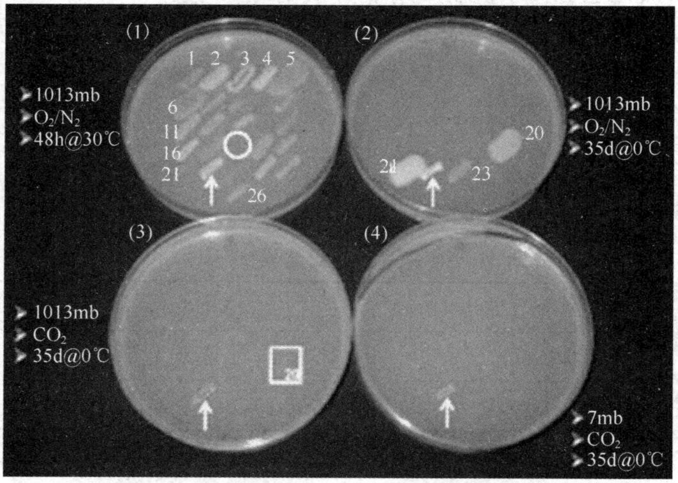

图1 极端条件下培养的微生物

(1)～(4)分别为对照组、低温组、低压组和缺氧组

达州肯尼迪航天中心附近发现的24种微生物，其中的2种是能够在恶劣环境下生存的嗜极微生物。这些微生物中也有普通的品种，例如枯草芽孢杆菌和大肠杆菌（图1）。

舒尔泽指出，液化沙雷菌（*Serratia liquefaciens*）从实验中脱颖而出，这是一种常见的细菌，能适应各种环境。

第三章 微生物的营养与生长

第一节　微生物的营养与运输

微生物在生长过程中，需从环境中吸取一些物质，以获得能量、进行新陈代谢并合成细胞物质，表现出微生物的生长与繁殖。这些物质统称为营养物质，吸取和利用营养物质的过程称为营养过程。

黄酒的酿造是多种微生物生长代谢的结果，主要是霉菌、酵母、细菌。这些微生物的生长受到环境中营养条件的影响，营养条件适宜，则发酵旺盛，营养不足，则发酵受到抑制。

对微生物提供营养使其生长旺盛，就必须知道微生物的营养类型，不同类型的微生物有不同类型的营养类型。

微生物与人类一样属于生命，在生长过程中，也会饿肚子。饿了就要吃东西，它喜欢吃的就会多吃点，不喜欢吃的就会少吃。多吃才能生长得快，因此通过分析微生物的类型，以判断它的口味，从而为微生物提供合适的食谱。

一、微生物的营养类型

通常根据微生物所用的能源和碳源的性质对微生物的营养类型进行分类。

根据能源的性质可把微生物分为光能营养型和化能营养型。根据碳源的性质可把微生物分为自养型或无机营养型和异养型或有机营养型。自养型微生物以 CO_2 为唯一或主要碳源；异养型微生物以有机物为碳源。以上类型两两交叉就出现了四大营养型。

1. 光能自养型微生物

它们具有光合色素，既能通过光合磷酸化作用产生 ATP，又能以还原性无机化合物（如 H_2S，$Na_2S_2O_3$等）为电子供体，还原 CO_2 而合成细胞物质。

藻类和某些原核微生物（如蓝藻菌）在光照下同化 CO_2（放出氧）。绿硫细菌和紫硫细菌以 H_2S 或硫代硫酸盐作为还原 CO_2 的供氢体并得到硫。

2. 光能异养型微生物

它们同光能自养型微生物一样能够利用光能，但必须以外源有机化合物作为主要碳源和电子供体，在人工培养时通常还需要提供生长因素。如红螺菌科的红假单胞菌属中的菌，在厌气光照的条件下也能利用有机物迅速增殖。

该类型的微生物能利用低分子有机物迅速增殖，可用来进行废水处理。

3. 化能自养型微生物

它们能利用无机化合物（如 NH_3、NO_2^-、H_2、H_2S、S、$S_2O_3^{2-}$、Fe^{2+}等）氧化时释放的能量，把主要碳源 CO_2 中的碳还原成细胞有机物碳架中的碳。有些细菌，如氧化亚铁硫杆菌，可通过氧化硫代硫酸盐及含铁硫化物获取能量。这种细菌氧化黄铁矿可以生成硫酸和硫酸高铁，后者可以溶解铜矿（CuS）实现铜的浸出（即生成 $CuSO_4$），这就是“细菌冶金”。

4. 化能异养型微生物

它们以有机化合物为碳源，利用有机化合物氧化过程中氧化磷酸化提供的 ATP 而生长。这类微生物的特点是其能源与碳源往往分不开，同一种有机化合物的代谢既可提供给能量，也可供给碳架物质。

该营养类型的微生物包括分类学上的真菌和大多数细菌、放线菌，发酵工业上应用的微生物绝大多数属于化能异养型微生物。

二、微生物的营养物质

微生物细胞中质量分数最大的化学成分是水，平均为 80% 左右，约 20% 是干物质。干物质的主要元素是碳、氢、氧、氮，占全部干物质的 90%，号称生物生命活动中的四大基本元素。

微生物从外界吸收的营养物质还应满足下列两个条件：能直接或在胞外被水解成小分子物质通过细胞膜进入细胞；进入细胞后在胞内的酶体系作用下直接或经化学变化后构成细胞的原生质和细胞结构物质，还为细胞生命活动提供能量。在发酵生产中，部分营养物质的组分经代谢过程还转化成发酵目的产物的组成成分。

不同种类的营养物质具有不同的性质，因此它们具有的生理功能也不相同。

1. 水及其生理作用

水是微生物细胞的重要组成部分，它是微生物进行代谢活动的介质，同时还直接参与一部分生化反应。营养物质的吸收、代谢产物与能量的排出均是以水为媒介的。微生物离开了水就不能进行生命活动。

2. 碳源

凡是可以作为微生物细胞结构或代谢产物中碳架来源的营养物质，均可作为微生物的碳源。在这个意义上，碳水化合物及其衍生物（包括单糖、寡糖、多糖、醇和多元醇）、有机酸（包括氨基酸）、脂肪、烃类甚至 CO_2 或碳酸盐类均可以作为微生物的碳源。

（1）碳源的生理功能　①生成细胞物质；②产生维持生命所需能量。

酿酒工业中的碳源主要是淀粉类物质，还有少量其他的可发酵性糖。多糖一般必须先经微生物分泌的胞外水解酶降解后才能作为营养被摄入细胞。淀粉需要霉菌代谢的各类酶降解后为酿酒服务。

（2）淀粉及分类　淀粉是黄酒工业和发酵工业中最重要的碳源。淀粉是由若干个葡萄糖基以 $\alpha-1, 4$ 糖苷键，$\alpha-1, 6$ 糖苷键组成的多糖分子。根据连接方式的不同，淀粉分为直链淀粉和支链淀粉。直链淀粉是葡萄糖只以 $\alpha-1, 4$ 糖苷键连接形成的长链的葡聚糖，通常由200~300个葡萄糖残基组成。天然淀粉中直链淀粉占20%~30%。支链淀粉是葡萄糖以α-1，4糖苷键连接为主链，并有α-1，6糖苷键连接作为分支点而形成的葡聚糖，分子很大，可含数千个葡萄糖残基。天然淀粉中70%~80%为支链淀粉。

淀粉在热水中能吸收水分而膨胀，最后淀粉粒破裂，淀粉分子溶解于水中形成带有黏性的淀粉糊，这一过程称为糊化。淀粉的降解是淀粉的α-1，4糖苷键及α-1，6糖苷键被切断的过程，总趋势是大分子向小分子转化，还原性增加。

（3）液化酶　又称α-淀粉酶，淀粉-糊精酶。α-淀粉酶从淀粉分子中间任意水解α-1，4糖苷键，生成糊精和少量麦芽糖、葡萄糖等，淀粉水解后失掉原来的黏稠性，黏度迅速下降呈液体状态，称为液化。此酶水解淀粉是从分子内部进行，故称为“内切酶”。

酿酒中的液化酶主要来源于细菌和曲霉（麦曲中的黄曲霉）。黄酒中也有使用商品化的液化酶，一般最适作用温度为60~70℃。

（4）糖化酶　又称葡萄糖淀粉酶，α-1，4-葡萄糖水解酶。从非还原末端开始，依次水解淀粉和糊精的α-1，4糖苷键，生成葡萄糖，故称糖化酶，此过程称为糖化。此酶水解淀粉是从分子末端进行，不能从分子内部进行，称为“外切酶”。

酿酒中的糖化酶主要来源于霉菌（黑曲霉、黄曲霉、根霉、红曲霉等）。黄酒中使用的商品化的糖化酶，一般最适作用温度为50~55℃。

（5）葡萄糖效应　微生物对碳源物质的利用具有选择性，通常情况下，在有几种不同的可利用的碳源物质同时存在的环境中，微生物对碳源物质的利用具有选择性。几乎所有的微生物都能利用葡萄糖和果糖。

当培养基中有葡萄糖和其他碳源存在时，微生物优先利用葡萄糖，同时抑制合成利用另一类糖的酶，这种现象称为“葡萄糖效应”。只有在葡萄糖耗尽之后，才能合成利用第二种糖类的酶。这种效应使细菌在生长过程中要经历一个短暂的停顿时期，出现二次生长现象。

葡萄糖属于六碳糖，原来微生物也喜欢“六”这个数字。

对碳源的利用遵循如下原则：结构简单、相对分子质量小的优先利用，结构复杂、相对分子质量大的后利用。

3. 氮源

氮源是为微生物生长、繁殖提供氮素来源的物质。

（1）氮源的生理功能　氮源通常有两种存在形式，即有机氮和无机氮。有机氮如蛋白质及其降解物（胨、肽、氨基酸）；无机氮如铵盐、硝酸盐、尿素等。

氮源具有的生理功能：①合成微生物细胞成分的主要提供者；②调节微生物

代谢的活性物质；③氮源物质可以作为能源来源。

（2）微生物利用氮源的特点　不同种类微生物利用的氮源物质种类不同，如根瘤菌能利用分子氮，而其他微生物则不行，有些微生物不能利用铵盐，所以在只有铵盐的培养基中不能生长。

微生物对氮源物质的利用具有选择性。通常情况下，铵离子被吸收后可直接利用，而蛋白质一般需要经过微生物自身分泌的胞外蛋白酶降解后，才能加以利用，因此含蛋白质的有机氮源称为迟效性氮源；而无机氮源或以蛋白质的各种降解产物形式存在的有机氮源称为速效氮源。

微生物也偷懒，总是等到简单的碳氮源被利用完了，才想到利用复杂的碳氮源。

4. 无机盐

无机盐可提供微生物生长必不可少的矿物质元素。磷、硫、钾、钠、钙、镁等元素的盐参与细胞结构物质的组成，并有能量转移、细胞透性调节等功能，故微生物对它们的需求量相对大些，因而它们有宏量元素之称。铁、锰、铜、钴、锌、钼等元素的盐类进入细胞一般是作为酶的辅酶因子，故微生物对它们的需求量甚少，因而它们有微量元素之称。

这些元素最终均参与基础代谢，因此各类群的微生物均需要它们，但所需要的量不同。发酵工业上如果使用天然原料，微量元素通常不需要另外添加，而且微量元素如果是重金属，其含量超标，会对微生物产生毒害作用。

5. 生长因子及其生理功能

异养型微生物不能合成或合成量不足，需求量微小，但起着重要作用的特殊有机营养物质，称为生长因子，包括氨基酸、维生素、嘌呤、嘧啶及它们的衍生物、脂肪酸及其他成分。缺乏合成生长因素能力的微生物称为“营养缺陷型”微生物。

三、培养基

培养基是指由人工方法配合而成的，专供微生物培养、分离、鉴别、研究和保存用的混合营养物制品。用于微生物生长、繁殖和生产产物为目的的营养物质的综合体都是微生物的培养基。

1. 培养基的共性

实验和生产上的培养基应具有以下共性：

（1）单位数量的培养基应能以最高产率生产出所需产物，如单细胞蛋白或目的代谢物。

（2）能最高速率地稳定合成出所需产物。

（3）培养基成分应价格便宜，易于就近取材。

（4）培养基有利于通风、搅拌、提取、纯化和废物处理等。

2. 培养基的种类

微生物培养基的种类很多，随着生物科学的飞速发展，培养基的种类也将不断增加。一般常以培养基的形态、成分、用途和性质来区分，如表 3－1 所示。

表 3－1　培养基类型

分类特征	培养基名称
基质的来源	天然培养基、合成培养基、半合成培养基
物理状态	液体培养基、固体培养基、半固体培养基
目的用途	种子培养基、发酵培养基、菌种保藏培养基、富集培养基、选择性培养基、鉴别培养基和测定生理特性的培养基
调控育种	基本培养基、完全培养基、补充培养基

（1）按基质的来源

①天然培养基：天然培养基含有各种成分及其量不一定确切知道的天然物质，如蛋白胨、牛肉膏、酵母浸膏、玉米浆、麦芽浸膏等。用此类材料配成的培养基很难做到不同批号之间质量的稳定一致，因其随品种、产地、季节、加工条件等变化而有所波动。因此在选用原料时务必标明其商品的名称及批号，对不同来源的这些商品还应先做小试。虽然天然培养基存在这些缺点，但其成本较低，富含微量元素与生长因子，微生物生长较好，所以一般使用的培养基，以天然培养基为主。

②合成培养基：合成培养基是由已知化学成分的营养物质组成的。由于微生物对营养要求的不同，它可以完全由无机盐或无机盐加有机化合物（氨基酸、糖、嘌呤、嘧啶、维生素等）组成。这种合成培养基的配方成分都是已知的，所以只要配制过程操作严格要求，各批培养基的质量可做到稳定一致。

合成培养基的成本较高，其价格相当于同类天然培养基的几倍以至几十倍，因此，合成培养基一般只能在实验室阶段或精细生产中使用，微生物遗传育种中营养缺陷型的检测和重组株的确定和菌种鉴定等，大生产中较少使用。

③半合成培养基：由部分天然材料和部分化学药品组成的培养基称为半合成培养基。由于多数微生物均能在此类培养基上生长，加上配制方便，成本低，所以生产或实验经常用此类培养基。

（2）按物理状态

①液体培养基：用各种材料的抽提物或化学用品按一定量配成的水溶液或液体状态的培养基称为液体培养基，液体培养基常用于大量生产发酵产品和菌体。微生物在液体培养基中静置生长时，需氧微生物往往可在液面形成薄膜、岛、环，而液体仍清晰透明；厌氧或兼性厌氧微生物生长而导致液体浑浊或有沉淀。

②固体培养基：除了用固体物料加水或营养盐构成的疏松固体培养基（用于固体发酵，如曲、固体酶制剂、酱）外，固体培养基主要是指在以上培养基中加入一定量能固化液体培养基的胶体物质，所配制成的固体胨状培养基。将微生物细胞接种到固体培养基上培养，它的所有后代都聚集在一起，形成一定状态的菌落或菌苔，并表现出其他特定的培养特征。固体培养基对于研究微生物的分离、纯化、培养、保存、鉴定等均是不可缺少的。制备固体培养基的胶体有琼脂、明胶和硅胶。

a. 琼脂：它是由石花菜等红藻加工制成的一种胶体物质，主要由琼脂糖和琼脂胶两种多糖组成。除天蓝色链霉菌和某些海洋弧菌外，所有的微生物均不降解琼脂。琼脂不同于一般的固化剂，液态的琼脂培养基在45℃时固化，而固态的琼脂培养基在近100℃时才融化，它在45～100℃的温度范围内没有变化。配制固体培养基时琼脂的用量为：半固体培养基加0.2%～0.5%，固体培养基加1.2%～2.0%。

琼脂斜面培养基见图3-1。

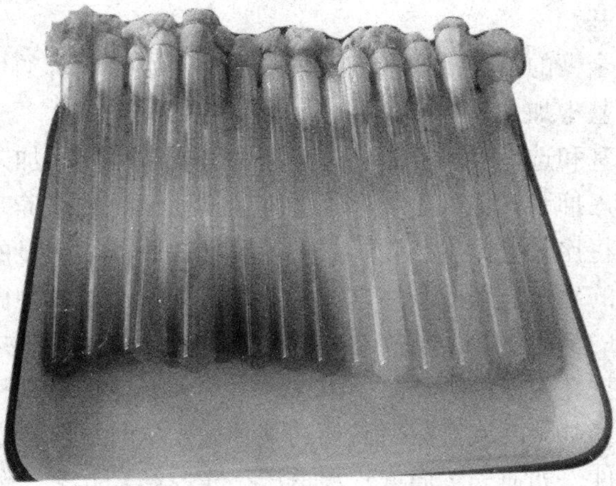

图3-1　琼脂斜面培养基

b. 明胶：它是由动物的皮、骨、韧带、髓等和水一起熬煮而成的一种蛋白质，含有多种氨基酸，缺少色氨酸。用它制固体培养基对微生物有一定的营养价值。液态的明胶培养基在24℃时凝固，固态的明胶培养基在28～35℃时融化。因此用明胶作固化剂的固体培养基一般只能在20～25℃以下使用，其用量为10%～12%或更多。明胶培养基主要用于检测蛋白酶即明胶液化能力。

c. 硅胶：在研究土壤微生物、自养微生物，或微生物对碳氮的利用时，常用硅胶作固体培养基的固化剂，因为硅胶全是无机物，适用于培养自养菌。用水玻璃（硅酸钠）与盐酸先制作好无菌凝胶，然后加入无菌营养液，可得到硅胶固化的固体培养基。

③半固体培养基：在配制固体培养基时，固化剂加得少些就可得到半固体培养基，如加琼脂0.2% ~0.5%所得到的半固体培养基可用来观察细菌的运动。

（3）按目的用途

①种子培养基：为了在较短的时间内获得数量较多的强壮而整齐的种子细胞，要采用种子培养基。种子培养基要求营养丰富、全面，氮源、维生素的比例应较高，碳源比例应较低。由于种子培养基用量少，对菌体生长要求高，故使用原料要求较高。

②发酵培养基：用来生产目的发酵产物的培养基，用量大。由于产物分子中往往以碳成分为主，所以发酵培养基中碳源含量往往高于种子培养基，若产物含氮量较高，氮源物质也要相应增加。由于碳源、氮源用量多，故要用价格较低的原料，尽量就近取材。发酵培养基不仅要根据发酵工艺的要求配制，还要考虑后提取的方便。

③菌种保藏培养基：一般根据微生物的种类和营养要求加以选择，细菌常用营养琼脂培养基；酵母菌常用麦汁琼脂培养基；霉菌常用察氏培养基；放线菌常用高氏一号培养基。

有些细菌在全糖的培养基中会因发酵产酸抑制细菌本身的生长，为避免酸度过高，可于培养基中加入2% $CaCO_3$（分消后加入）。

④富集培养基和选择性培养基：为了分离某类微生物而加入助长该类微生物的营养物质或加入抑制其他微生物生长的抑菌剂而设计的培养基。在这类培养基中，某种微生物将比其他微生物生长繁殖得更加快，能以明显的生长优势而抑制其他类群微生物的生长。因此利用这类培养基可以从杂居多种微生物的样品中较容易地分离出目的微生物。但能在这种培养基上生长的微生物并不是一个纯种，而是营养要求或抗性类似的类群。所以这种富集和选择性只是相对的。

利用这类培养基分离或富集所需要的某种微生物时，能将培养基的营养成分和培养的环境条件，如通气、温度、渗透压、光等结合起来，分离效果更佳。化学抑制物质一般为染色剂、抗菌素、结构类似物、食盐等。

⑤鉴别培养基：鉴别培养基是指添加了某种或某些特定的化学药品，因而能对特定的微生物分类学上的种群起鉴别作用的培养基。如可以用伊红－甲基蓝培养基区分大肠杆菌和产气杆菌，在这个培养基上，大肠杆菌菌落小、蓝紫黑色，且具有金属光泽；产气杆菌菌落大、湿润、灰棕色。用这种培养基，可根据平皿培养基上的特征性现象鉴别微生物，它比选择性培养基、富集培养基在选择性上能更专一区分不同微生物种群。

在培养基中加入某种抑制剂和指示剂，以抑制某些细菌生长，而促进某种病原菌的繁殖，并使菌落具有一定的特征，以助鉴别分离。这类培养基称为选择性鉴别培养基。

⑥生理特性测定培养基：在鉴定微生物时，用于观察微生物的培养特征，或观测其生理生化反应所采用的培养基称为生理特性测定培养基。这些培养基都是规定了的，可以从有关的微生物学手册上查到。

3. 培养基配制的注意点

（1）营养成分

①通常在培养基内加入 K_2HPO_4、KH_2PO_4 和 $MgSO_4$，以供应 P、S、Mg、K，如果同时加入钙和铁，则上述三种盐的用量要适当加大，这主要是考虑到它们之间会形成不溶性的磷酸盐或氢氧化物，影响正常的使用。蛋白胨、酵母膏和其他生物制品都含有磷酸盐。若培养基中有 Mg^{2+}、Ca^{2+} 等离子，就会出现沉淀、浑浊。为避免生成沉淀，可将盐配成溶液，分开灭菌后再加入培养基内。

②有些糖类或营养物质在高温、高压下会被破坏，故应降低压力、温度，或缩短时间，或用过滤或其他方法除菌（如化学灭菌法）。

③除培养固氮菌外，在培养基中均需加入无机氮源和有机氮源。许多细菌不能利用硝酸盐，宜用铵盐作无机氮源；真菌大多可利用铵盐，也能利用硝酸盐。细菌虽能利用无机氮源，但不如利用有机氮源普遍，常用的有机氮源主要有蛋白胨、明胶、牛肉膏和酪蛋白水解液等。

④配制培养基时，营养物质的浓度应适当，太低不能满足生长需要，偏高会使菌体疯长，过高还会抑制微生物生长。

（2）pH　微生物要求培养基有适宜的 pH，但它们的代谢作用又会改变培养基的 pH，所以在配制培养基时，不仅培养基的起始 pH 应符合微生物的要求，而且要考虑如何采用缓冲作用保持其 pH。一般在培养产酸的微生物时可在培养基中加入适量的 $CaCO_3$，以中和不断产生的酸。在合成培养基中，培养基成分中有磷酸盐者一般都已设计好 pH，故不需再专门调 pH。若 pH 降到 4.5 以下，琼脂固体培养基灭菌后不再凝固，或凝固不坚，这时有关成分分别灭菌再予以混合效果较好。

（3）灭菌　灭菌时培养基颜色变褐（称为“焦化”或美拉德反应），主要是还原糖类、蛋白质与氨基酸在高压、高温下相互作用的结果。这种褐色物质会抑制微生物的生长，应尽量防止。缩短高温灭菌时间，或将糖与含氮化合物分开灭菌，可以防止这种反应。

4. 黄酒发酵中原料处理

传统黄酒发酵中的原料经过相应处理后，霉菌、酵母能在相对开放的环境中生长，而不酸败。

（1）大米精白　大米的糊粉层中含有大量的脂肪、蛋白质、维生素等物质，能够促进微生物的生长繁殖，因此糙米比精白大米更能使包括杂菌在内的多数微生物生长旺盛。但是，糙米中的物质经微生物代谢后，进入酒液中，呈现较多的异杂味，其中的杂醇油更易导致“上头”。因此，黄酒的生产中，将原料精白显得十分重要。日本清酒在原料精白上一直高于黄酒，大吟酿甚至精白至50%，因此清酒口感较黄酒淡爽。

（2）调酸　传统稻米黄酒在生产之前，需将原料浸泡发酸后再蒸煮发酵。绍兴地区，将米浆水（图3-2）稀释后，直接添加至缸中发酵，米浆水与清水的比例为3:4，因此称为“三浆四水”。江苏无锡地区，将米浆水灭菌后使用，称为老廒酒。其实宋朱翼中《北山酒经》中表述：“造酒以浆为祖”“自酸之甘，自甘之辛，而酒成焉”。说明当时的人们，已经观察到发酵中调酸的必要性。

图3-2　稀释前的米浆水备用

这是因为，酵母菌最适宜在pH为4.5~5.0的环境中生存，前人在制造酿酒时使用米浆水，降低发酵醪的pH，既可增加酵母菌的活性，又可抑制其他微生物的活性，保证了酿酒中酒化反应的顺利进行。此外，乳酸菌产生的乳酸链球菌素抑制发酵液中的细菌。

四、营养物质进入细胞

微生物生长繁殖所需的营养物质必须进入细胞内才能被利用。细胞膜对营养物质的进入，起到重要的作用，它对跨膜运输的物质具有选择性。

1. 被动运输

被动运输是一种简单的物质跨膜运输方式，不需要能量，其动力是膜内外的物质浓度差，从高浓度向低浓度扩散，当细胞内外此物质的浓度达到平衡时，扩散就不再进行。

（1）单纯扩散　不需要载体介入的简单运输方式，是非特异性的纯粹物理过程。物质依靠浓度梯度通过膜上的含水小孔，如水，气体，某些小分子的氨基酸及脂肪酸，甘油，乙醇等。

（2）促进扩散　营养物质的运输不需要能量，但是需要借助载体（透过酶）

的作用才能进入细胞。由于酶具有较高的专一性，因此不同的微生物具有不同的营养要求，如氨基酸、单糖、维生素和无机盐，可通过该方式进入细胞。

2. 主动运输

主动运输是指可以逆着浓度梯度运输并在细胞内富集的需能过程。主动运输可以使微生物从周围环境中吸收比自身细胞内浓度低的营养物质。通过主动运输的物质有，丙氨酸、丝氨酸、半乳糖等物质。

主动运输的方式有很多，基团移位是一种特殊的主动运输。在运输的过程中，某些化学基团转移到被转运的营养物质上，如糖经磷酸化后进入细胞内。

第二节　微生物的生长

一、微生物生长的概念

生长是一个复杂的生命活动的过程。微生物细胞从环境吸取营养物质，经代谢作用合成新的细胞成分，细胞各组成成分有规律地增长，致使菌体重量增加，这就是生长。随着菌体重量的增加，菌体数量也增多，这就是微生物个体的繁殖。单个细胞从新生细胞生长到再次产生新的个体细胞所需要的时间，称为代时，通常用G表示。

微生物个体细胞的生长时间一般很短，很快就进入繁殖阶段，生长和繁殖实际上很难分开。群体的生长表现为细胞数目或群体细胞物质的增加。酿造过程中，微生物是以群体代谢参与生产过程的。了解微生物群体生产特点及其变化规律是有效控制生产过程的重要基础。如不特别声明，微生物的生长，一般指的是微生物群体的生长。菌龄则指的是微生物在培养条件下所度过的时间。

一根筷子易折断，一把筷子折不断；一个微生物看不到，一群微生物就能看到了。虽然微生物很小，但是微生物也有年龄啊。

微生物在各种环境下生长，其生长和生理活动实际上是对它们所处环境条件的一种反应。微生物怎样生长？什么因素影响它们的生长？什么因素促使代谢产物的生成？微生物如何对不良环境做出反应？又在什么条件下死亡？研究和解决这些问题将为培养和发酵条件的优化打好基础。

微生物居然也知道“近朱者赤，近墨者黑”。

二、微生物的生长规律

分批发酵中，在适宜的条件下，细菌会旺盛地生长繁殖，且其生长过程中表现出来较强的规律性（图3－3）。以培养时间为横坐标，以细胞浓度为纵坐标作图，能得到细菌群体变化规律。

孙子兵法有云：知己知彼，百战不殆。了解微生物的规律，才能利用规律并为生产服务。

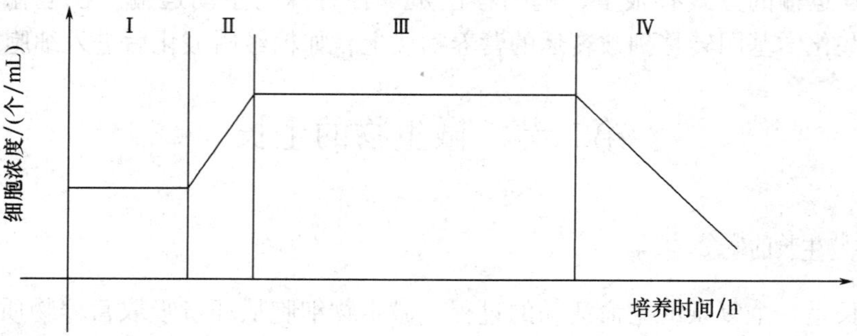

图3－3 细菌的生长曲线

Ⅰ—延滞期 Ⅱ—对数期 Ⅲ—稳定期 Ⅳ—衰亡期

1. 延滞生长期

延滞生长期又称适应期、缓慢期或调整期，是细胞的生长时期，细菌在此时期不繁殖，但合成代谢旺盛，核糖体、酶类等合成速度加快，大量生成细胞原生质中各种组成成分，使细胞重量和体积明显增加，此时期的细胞生长速率为一个常数，但细胞数目不增加，对不良环境也较为敏感，如pH、NaCl浓度、温度等。

息：既有停止的意思，也有生长的意思，生生不息。延滞期表面是停止，但是内在却是生长，为对数期的爆发做准备。

2. 对数生长期

对数生长期又称指数期。此时期的细菌生长速度很快，细胞群体生长速率较大。此时期的细菌酶系活跃，代谢旺盛，菌体数目以几何级数增加，群体形态与生理特征相符，对杂菌的抵抗能力较强，对环境的适应能力也明显提高。一般在发酵工业上采用处于对数期中后期的微生物作为种子使用。

3. 稳定生长期

稳定生长期又称平衡期、恒定期等。由于受到环境中营养缺乏、有害代谢产物积累以及pH的改变等诸多因素影响，此时期的细菌新增殖细胞数等于衰亡细胞数，细菌的生长繁殖处于生长速度趋于零的动态平衡状态。此时期细菌总数和代谢产物的积累都处于最高峰。因此是收获菌体和代谢产物的最佳时期。

4. 衰亡期

此时期由于环境中营养物质的消耗殆尽以及有害代谢产物的大量积累，使得细菌细胞的衰亡速度大于新增殖速度，细菌生长出现负增长，死亡的细菌数目以对数方式增加。此时期的细菌代谢能力明显降低，细胞开始衰老并出现自溶现象。衰亡期的微生物细胞形态呈现多样性，如不规则的形态、液泡增大等。

三、微生物细胞数量的测定

发酵工业中，发酵液中微生物数量的多少直接关系到生产规模和产品质量，准确测量微生物的生长，是进行生产过程控制的必要手段。

描述微生物生长，对不同的微生物和不同的生长状态可以选取不同的指标。通常对于处于旺盛生长期的单细胞微生物，既可以选细胞数，又可以选细胞质量作为生长指标，因为这时这两者是成比例的。对于多细胞微生物的生长（以丝状真菌为代表），则通常以菌丝生长长度或者菌丝重量作为生长指标。

1. 血球计数板计数法

将标本进行梯度稀释后，滴一滴至血球计数板（图3－4）的计数室内，盖上盖玻片后置于显微镜下直接观察计数。此法并不能区别活菌和死菌，所以此法测量的是总菌数量。

图3－4　血球计数板

酿造工业中，酵母采用血球计数法测量发酵液中每毫升的酵母数，酵母菌的出芽率也是通过该方法测定的。通过酵母的亚甲基蓝染色方式，也能简单分辨出活菌与死菌。

2. 菌落活菌计数法

发酵生产时，只有活菌对生产是起作用的，因此需要计算出发酵液中活菌数。

将标本进行适当的稀释后，吸取0.2mL或1mL的稀释液，通过涂布或者倾注等方式与平板计数培养基混匀，在最适宜的培养条件下培养一定时间。以菌落数（图 3-5）推算出标本的活菌浓度，计算出活菌总数。因为只有活菌才能繁殖成菌落，所以此法测得的是活菌数量。

酿造工业和其他食品、饮料行业中，采用该法获得菌落总数，常作为该样品的卫生指标来测量。不过也并非所有的微生物都能在规定的时间和规定的培养基上生长成菌落，即使有菌落也不一定是有害菌，所以这是本方法作为检测卫生指标的局限性。但是可以作为企业内部的内控指标，保证产品的生物稳定性是有一定指导意义的。

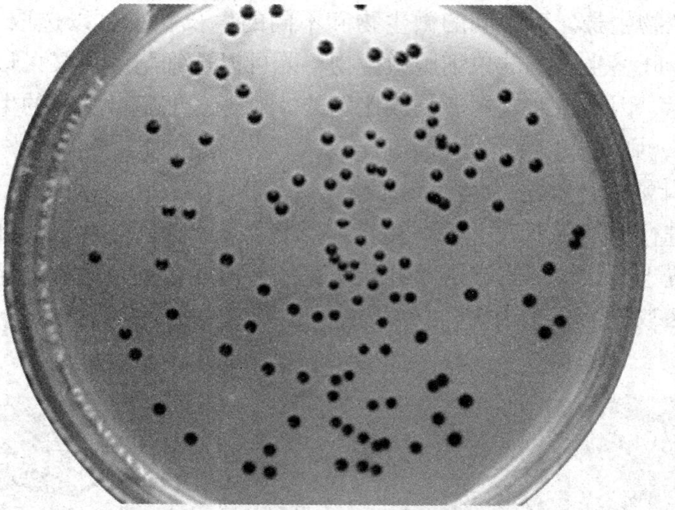

图 3-5 菌落总数的测定

3. 液体试管稀释法

常用于大肠杆菌的测定。标本接种于乳糖胆盐发酵管内，采用 3 个梯度，每梯度 3 个重复的方式，于 44℃水浴培养 24h。产气者进行验证试验，接种于伊红美兰琼脂平板，37℃培养 24h，并同时接种乳糖蛋白胨发酵管，置 37℃培养 24h。观察平板上有无典型菌落生长，并做革兰染色镜检。产酸又产气，即证明为大肠杆菌。再根据 MPN 检索表，确定大肠杆菌数量。

4. 比色法

细胞悬浮液的浑浊度通常采用波长为 600～700nm 的分光光度计测定。菌体悬浮液的浓度在一定范围内与光的穿透量成反比，与 OD 值成正比。

先测量各菌体浓度的 OD 值，制定标准曲线，再通过测量待测液的 OD 值，比照标准曲线，得到大概的菌数。此法的关键在于制定线性范围内的标准曲线。此法简便快速，但只能检测含有大量菌体的悬浮液，浓度应该在线性范围内，且应排除培养基颗粒对 OD 值的干扰。

5. 质量法

通过离心或过滤技术分离发酵液，再经过洗涤和离心处理，直接称取菌体的湿重。或者放在平皿中，105℃下烘干至恒重后测量菌体的干重。

6. 生理指标法

通过特定的仪器可以得到微生物菌体的呼吸强度、耗氧量、酶活性及生物热等生理指标，根据这些生理指标与微生物数目之间的换算关系，估算出细胞数目。

7. 试剂盒快速测定法

有时需要检测的样品较多，可通过试剂盒降低劳动强度。

将菌落总数测试片置于平坦实验台面，揭开上层膜，用无菌吸管吸取 1mL 合适稀释度的样品匀液，慢慢均匀地滴加到纸片上，然后再将上层膜缓慢盖下，静置 10s 左右使培养基凝固。

将测试片叠在一起放回原自封袋中并封口，透明面朝上水平置于恒温培养箱内，一般食品培养温度为 36℃ ±1℃，培养 15～24h；水产品培养温度为 30℃ ±1℃，培养 48h 后计数（图 3－6）。

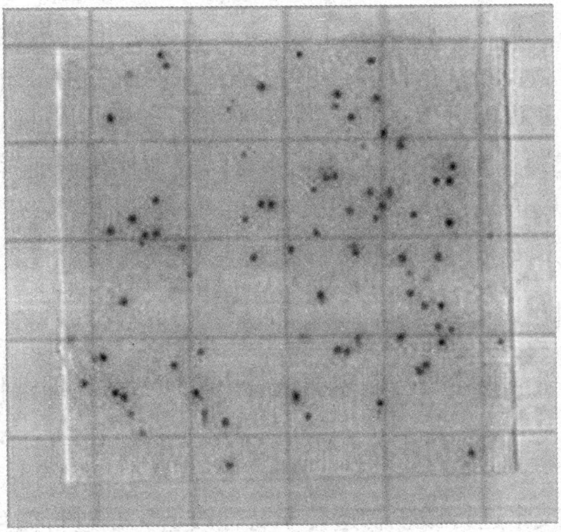

图 3－6 菌落总数测定片

四、黄酒酿造历史上对微生物规律的应用

先人可能对微生物生长规律的原理认识并不清晰，但不妨碍历史上出现较多的利用规律来生产黄酒的记载。

1. 九酝酒与延长稳定期

东汉建安年间，曹操将亳州地区的九酝酒进献给皇帝。“三日一酿，满九斛米止，臣得法，酿之，常善；其上清，滓亦可饮。若以九酝苦难饮，增为十酿，差甘易饮，不病。今谨上献。”

九酝酒接近今日的喂饭酒，究其原理：当微生物处于稳定期的末期时，由于营养的匮乏和产物的积累，逐渐过渡至衰亡期。数次加入米饭，补充营养稀释产物，能够延长微生物的稳定期，在酒液中积累酒精和糖分，使酒甘甜醇厚。因此，九酝酒属于补料分批发酵，后文中另有阐述。时至今日，当年进贡九酝酒的亳州地区，已经将九酝酒从黄酒演变为白酒。

2. 浸曲法与缩短延滞期

《齐民要术》中记载“浸曲法”可以抑制细菌，防止酸败。将酒曲粉碎后，浸泡在水中，一方面曲中的酶溶解水中，另一方面曲中的酵母度过延滞期，开始繁殖。因此，投入米饭后，酵母可以快速进入对数期，对于缩短发酵周期是有利的。

第三节 微生物的生长调控

在适宜条件下，对数生长期的微生物能以最大的比生长速率进行生长繁殖，产生大量的新个体。每个大肠杆菌（*E. coli*）细胞的重量虽然大约只有 10^{-12} g，但是，如果一个大肠杆菌（*E. coli*）在肉汤培养基和在适宜条件下，培养 48h 产生的新个体的总重量可超过地球重量的 4000 倍！实际上生长是微生物与环境相互作用的结果，大肠杆菌（*E. coli*）不可能以最大比生长速率无限制地生长下去。如何控制微生物的生长速率或消灭不需要的微生物，在实际应用中具有重要的意义。

一、微生物生长的控制途径

通常情况下，微生物生长控制需要从三个方面考虑，即遗传学特性、培养基组成和培养条件。

1. 遗传学特性

利用基因工程技术进行微生物遗传学特性改造，是进行微生物生长控制的最有效、最根本的措施。通过基因工程技术，人类可以按照自己的意愿进行各种操作，改造或设计全新的基因和物种。

比如可以在酿酒酵母中，导入质粒，增加菌种的抗杂菌能力、耐酸性、耐高温、耐抗生素等特性。

2. 培养基组成

通过对培养基组成的设计，实现对微生物生长的控制。可以通过调整培养基的种类和浓度、碳氮比的改变而导致菌体疯长。

3. 培养条件

培养条件对微生物生长的控制可以通过两个途径实现，即化学因素和物理因素。化学因素包括杀菌剂、抗代谢物、抗生素、pH、氧化还原电势、盐、碱或金属离子；物理因素包括温度、辐射、过滤、渗透压和干燥。

任何一种因素对微生物生长繁殖的影响都有一个“量”的问题，通常情况下，“量”高时影响较大；“量”小时影响较小。遗传学特性优化，可以通过菌种选育来完成；培养基组成与培养条件优化，可以通过正交法、响应面等数据处理方法来完成。

二、微生物生长的调控

微生物生长受到多种因素的调控，但在生产和科研上，一般可通过温度、pH、溶氧来进行基础的调控。

1. 温度

由于微生物的生命活动是由一系列生物化学反应组成的，而这些反应受温度的影响极为明显，因此，温度是影响微生物生长的最重要的因素之一。与其他生物一样，任何微生物的生长温度尽管有宽有窄，但总有最低生长温度、最适生长温度和最高生长温度这三个重要指标（表3－2）。

表3－2　不同类型的微生物生长温度范围

<table>
<tr><th colspan="2" rowspan="2">微生物类型</th><th colspan="3">生长温度范围/℃</th><th rowspan="2">存在的场所</th></tr>
<tr><th>最低温度</th><th>最适温度</th><th>最高温度</th></tr>
<tr><td rowspan="2">低温型</td><td>专性嗜冷</td><td>－20</td><td>5～15</td><td>15～20</td><td>两极地区</td></tr>
<tr><td>兼性嗜冷</td><td>－5～0</td><td>10～20</td><td>25～30</td><td>海水及冷藏食品上</td></tr>
<tr><td rowspan="2">中温型</td><td>室温</td><td rowspan="2">10～20</td><td>20～35</td><td rowspan="2">40～45</td><td>土壤、木材</td></tr>
<tr><td>体温</td><td>35～40</td><td>哺乳动物体内</td></tr>
<tr><td colspan="2">高温</td><td>25～45</td><td>50～60</td><td>70～95</td><td>温泉、堆肥和土壤表层</td></tr>
</table>

最适生长温度有时也简称为“最适温度”，其意义是某菌分裂代时最短或生长速率最高时的培养温度。但是，对同一微生物来说，其不同的生理生化过程有着不同的最适温度，也就是说，最适生长温度并不等于生长量最高时的培养温度，也不等于发酵速度最高时的培养温度或累积代谢产物量最高时的培养温度，更不等于累积某一代谢产物量最高时的培养温度。

黄酒麦曲在生产过程中，制曲时最高温度可以达到50～55℃，某些嗜热微生物对于酶和风味物质的形成发挥重要的作用。但随着温度升高，微生物细胞中蛋白质的不可逆变性，最终导致微生物死亡。因此，即使是嗜热微生物也有最高温度，因此生产上常用加热的方式进行灭菌。

黄酒发酵过程中，对于不同的代谢过程各有其相应的最适温度。大罐生产的黄酒前酵温度控制在31～32℃，12h后开始缓慢降温，前酵结束转入后酵阶段控制在15℃。主要原因就是前后酵的目的不同，前酵主要为了糖化和酒化，后酵虽仍进行糖化和酒化，但以酒精缔合和风味修饰为主。

2. 氧气

地球上的整个生物圈都被大气层包围着。以体积计，氧约占空气的1/5，因此，氧对微生物的生命活动有着极其重要的影响。

按照微生物与氧气的关系（图3－7），可把它们分成好氧菌和厌氧菌两大类，并继续细分为五类：

- 好氧菌
  - 专性好氧菌：在正常大气压（0.02MPa）下进行好氧呼吸产能
  - 兼性厌氧菌
    - 以呼吸为主，兼营发酵产能
    - 以呼吸为主，兼营厌氧呼吸产能
  - 微好氧菌：只能在0.001～0.003MPa的大气压下生活
- 厌氧菌
  - 耐氧菌：只能以发酵产能，但分子氧对其无毒害
  - （专性）厌氧菌：只能生长在无氧或基本无氧条件下，氧对其有剧毒

图3－7 微生物与氧气的关系

通常情况下，微生物生长需要消耗大量能量，而能量来源于微生物细胞内的生物氧化作用。因此，好氧微生物只能生长在氧化还原电势高的培养基中。而厌氧微生物在其生长繁殖过程中需要的能量相对较少，因此无论氧化还原电势是高或低，都能生长繁殖，其氧化还原电势的适应范围较广。

3. pH

pH与微生物生命活动有着极其密切的关系。pH的变化可以影响微生物原生质膜的带电荷性质，从而影响微生物对营养物质的吸收；pH的变化还会影响酶的生物合成与活力，影响微生物各种代谢等。

微生物作为一个总体来说，其生长的pH范围极广，pH <2或pH >8都能生长，有少数种类还可超出这一范围。但每一种微生物都有其适宜自身生长的pH范围，存在一个最适生长的pH，此时微生物的生长繁殖速度最快。如果偏离最适生长pH，微生物虽然可以生长，但生长缓慢，甚至死亡（表3－3）。

表3－3 各种微生物最适生长pH和pH范围

微生物种类	最低生长pH	最适生长pH	最高生长pH
细菌和放线菌	5.0	7.0～8.0	10.0
酵母菌	2.5	3.8～6.0	8.0
霉菌	1.5	3.0～6.0	10.0

微生物在其生命活动过程中，对培养基成分的降解吸收后会改变培养基的pH（图3－8）。

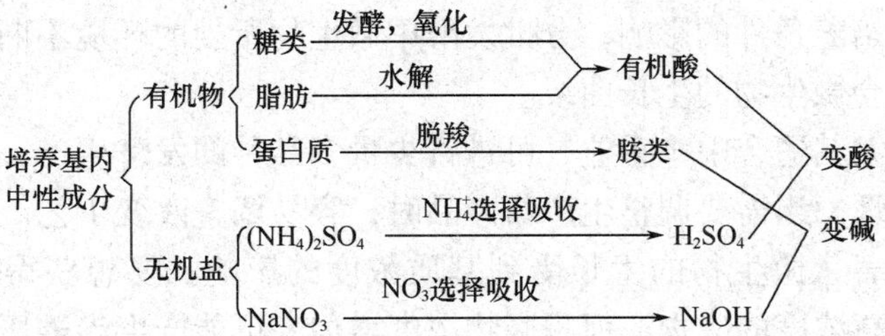

图3－8　培养基原料对发酵的影响

在一般培养过程中，上述变酸与变碱两种过程往往以变酸占优势，因此，随着培养时间的延长，一般培养基会变得较酸。当然，上述过程与培养基的碳氮比有极大的关系，碳氮比高的培养基，例如培养各种真菌的培养基，经培养后其pH常会明显下降；相反，碳氮比低的培养基，例如培养一般细菌的培养基，经培养后，其pH则常会明显上升。

既然在微生物培养过程中培养基的pH会发生变化，而对发酵生产来说，这种变化往往对生产并不有利，因此，在微生物培养过程中，如何及时调节合适的pH就成了发酵生产中的一项重要措施。总结生产中的经验，可把这类调节措施区分成“治标”和“治本”两大类。前者是指根据表面现象而进行直接、快速但不能持久的调节；后者则是指根据内在机制所采用的间接、缓效但能发挥较持久作用的调节。现将微生物培养过程中调节pH的方法简要地归纳如下（图3－9）：

- “治标”
  - 过酸时：加NaOH、Na_2CO_3等碱中和
  - 过碱时：加H_2SO_4、HCl等酸中和
- “治本”
  - 过酸时
    - 加适当氮源：如尿素、$NaNO_3$、NH_4OH或蛋白质等
    - 提高通气量
  - 过碱时
    - 加适当碳源：糖、乳酸、油脂等
    - 降低通气量

图3－9　调节pH的措施

三、微生物发酵的类型

微生物的发酵可以分为好氧和厌氧发酵，但是无论好氧还是厌氧，都可以通过深层培养来实现，即现在大部分酿造企业采用的圆柱形发酵罐内完成。而其操作方法大致上分为，分批发酵、补料分批发酵和连续发酵。

1. 分批发酵

酿造工业中常见的分批发酵方法是采用单罐深层分批发酵。每一个批次都经历接种、生长繁殖、菌体衰老、发酵结束、提取产物的流程。过程中由于受到菌体本身性质和培养条件的影响，分批发酵中微生物所处的环境不断变化，微生物的生长基本符合微生物的生长曲线。

分批发酵尤其适合中小企业，可进行少量多品种的发酵生产，发生杂菌感染后能够容易处理。当需要调整生产新产品时，容易调整改变工艺。但分批发酵的缺点也同样显著，微生物的生长受到基质浓度的影响。要想获得高密度的生物量，必须投入高浓度的底物，但是底物浓度增加，可能产生渗透压过高导致的抑制作用、代谢途径的改变等结果。

2. 补料分批发酵

补料分批发酵又称半连续发酵，在分批发酵过程中，适当补加部分配料成分或碳源，以提高菌体或代谢产物的产率。

通过补料分批发酵可以解除或减弱葡萄糖效应（分解代谢物的阻遏效应），还可以通过补料，恒定培养条件，使发酵过程最佳化。

黄酒行业中，传统的喂饭酒生产，就是典型的补料分批发酵。可以控制适当的基质浓度，避免高浓度导致渗透压变高、溶解氧降低的同时，通过喂饭增加微生物的营养，最终提高产量。还可以通过喂饭的温度，调整发酵液的温度，适应多变的发酵环境。随着计算机、传感器等技术的发展和应用，可通过离线方式计算模拟出发酵模型，并通过补料分批实现最优化控制。

3. 连续发酵

在分批发酵中，作为菌体和产物收获的阶段，稳定期占整个发酵周期较短的一段时间，设备的利用率不高。如何尽可能地延长稳定期，是现代发酵工业一个重要的命题。稳定期进入衰亡期的两个主要原因是营养的缺乏和产物的大量反馈抑制，连续发酵能很好地解决这两个问题。

在分批培养和发酵时，微生物的生长和产物同时或分间段进行，若将新鲜的培养基连续加入均匀搅拌的培养物中，同时排出含有细胞和产物的发酵液，就可进行连续培养，并可在较长的时期内维持生长。而且，细胞浓度、比生长速率、培养环境（例如营养物和产物浓度）可不随时间而变化、维持稳定状态。

连续培养的一个重要特征是使微生物的增殖速度和代谢活性处于某种稳定状态。连续培养的方法大致可以分为两类，即恒化器法和恒浊器法。“恒化”指的是恒定的化学环境，通过控制培养基中某种营养物质（限制性营养物质）的浓度基本恒定，以维持微生物的生长速率恒定。“恒浊”指的是反映细胞浓度的浊度恒定，通过浊度计控制培养液中细胞浓度大小，从而均匀稳定地完成微生物的连续培养。

发酵工业上采用多罐串联连续培养的方法，可以大大缩短发酵周期，提高设备的利用率。但是连续发酵的设备要求和控制技术要求较高，原料的得率相对降低，容易染菌，而且由于微生物长期处于活跃的生长繁殖状态，容易导致菌种退化，导致发酵失败。

思考题

一、名词解释

1. 迟效氮源
2. 速效氮源
3. 糖化与液化
4. 葡萄糖效应
5. 分批培养
6. 连续培养
7. 最适温度

二、简答题

1. 微生物的营养类型有哪些？
2. 微生物的营养物质应满足的两个条件是什么？
3. 碳源的生理作用是什么？
4. 氮源的生理作用是什么？
5. 简述微生物的生长规律。
6. 简述微生物生长控制的途径。

三、论述题

东汉曹操酿制闻名遐迩的九酝酒属于什么发酵，有什么优点？

实训四　黄酒酵母细胞数、死亡率和出芽率的测定

一、目的要求

1. 了解血球（血细胞）计数板的结构。
2. 掌握利用血球计数板进行微生物数量计算的方法。

二、实训原理

微生物生长量的计量方法有很多种，对于单细胞的微生物如细菌、酵母菌，可以采用直接计数法进行计数，即用计数板在光学显微镜下直接观察细胞并进行计数的方法。

血球计数板（图 1）由一块比普通载玻片厚的特制玻片制成。玻片中央刻有四条槽，中央两条槽之间的平面比其他平面略低，正中央还有一垂直小槽，槽的

两边的平面上各刻有9个大方格。中间的一个大方格为计数室，它的长、宽各为1mm，深度为0.1mm，容积为$0.1mm^3$。计数室有两种规格，一种是把大方格分成16个中格，每一（两条线围成的）中格分成25个（一条线围成的）小格，共计400小格；另一种规格是把大方格分成25个中格，每一中格分成16个小格，总共也是400小格。

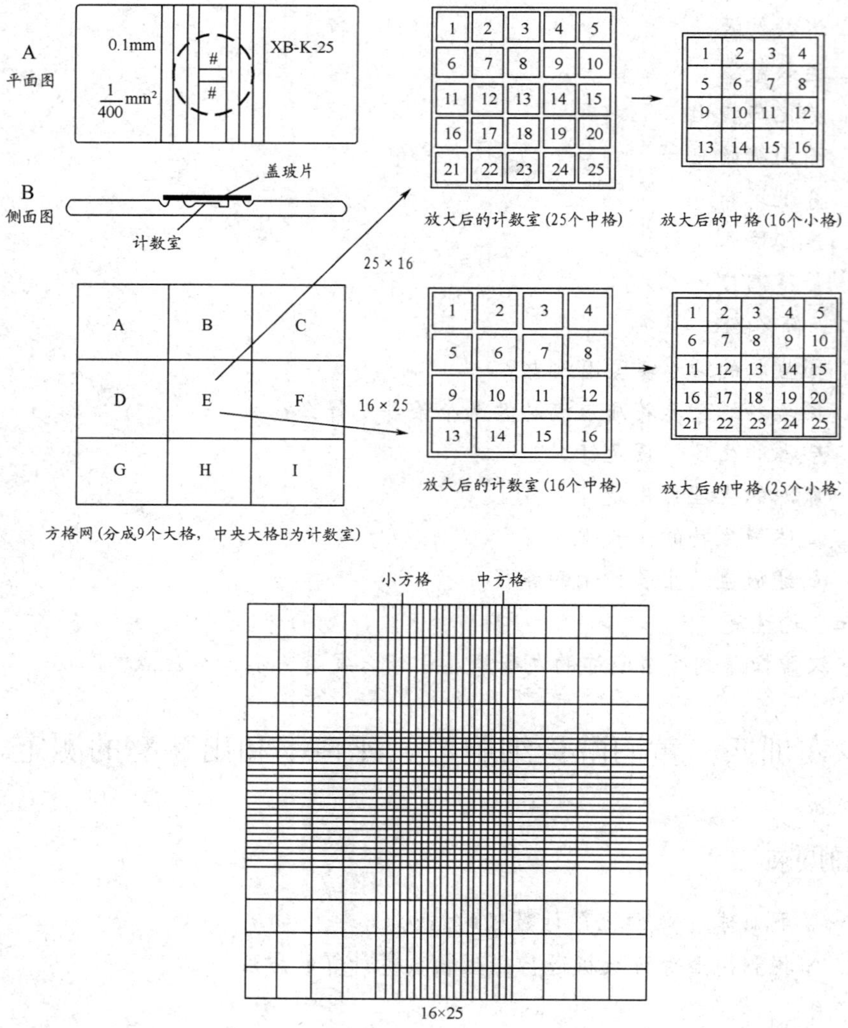

图1 血细胞计数板正面、侧面与正面方格放大示意图

计数时（图2），用16×25的计数板要按对角线方位，取左上、左下、右上、右下四个中方格（即100小格）计数酵母菌液；用25×16的计数板，除计数上述对角线的四个方格外，还需数中央一个方格的酵母菌数（即80小格）。计数是中格的四条边只数其中的两条，数上不数下，数左不数右。

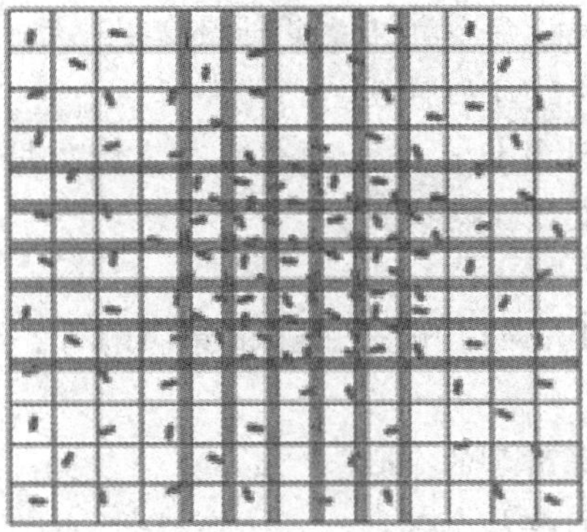

图2　血球计数板上的单细胞微生物

计算方法如下：

16×25 计数板的计算：

$$细胞数/mL=\frac{100个小格内的细胞数}{100}\times 400\times 10^4\times 稀释倍数$$

25×16 计数板的计算：

$$细胞数/mL=\frac{80个小格内的细胞数}{80}\times 400\times 10^4\times 稀释倍数$$

三、实训器材

1. 材料

酵母菌悬液、亚甲基蓝染液。

2. 器具

显微镜、血细胞计数板、计数器、镜头纸。

四、实训步骤

1. 酵母数测定

（1）取清洁干燥的血球计数板，在计数室上面加盖玻片。

（2）取酵母菌悬液摇匀，进行梯度稀释法（用一支1mL无菌吸管从培养液中吸取1mL悬液注入盛有9mL无菌水的试管中，使充分混匀。然后再用一支1mL无菌吸管从此试管中吸取1mL注入另一盛有9mL无菌水的试管中，以此类推制成10^{-1}、10^{-2}、10^{-3}、10^{-4}、10^{-5}、10^{-6}各种稀释度的溶液)，用滴管由盖玻片边缘滴一小滴（不宜过多），则菌液自行渗入，计数室不得有气泡，在低倍镜下寻找到清晰视野，然后置高倍镜下计数。

（3）样品浓度要求每小格内有5～10个菌体为宜。

（4）计数时，小于母本细胞1/2的，记为正在出芽的酵母，记为1个酵母细胞；大于则记为2个细胞。每个样品重复计数2～3次，取其平均值，按上述公式计算每毫升菌液所含的酵母细胞数。

（5）计数完毕，将计数板在水龙头上冲洗，切勿用硬物洗刷，自行晾干或吹风机吹干，或用镜头纸轻轻擦拭。

2. 出芽率测定

当芽小于母本细胞1/2的，记为正在出芽的酵母；大于1/2的则记为2个细胞。

（1）同上法测定出芽酵母的个数。

（2）同上法测定总的酵母个数。

$$出芽率=\frac{出芽酵母个数}{酵母总数}\times 100\%$$

3. 死亡率测定

酵母滴加美蓝染液染色时，死细胞则显示蓝色；活细胞的还原力较强，着色后被还原为无色。

（1）滴加1滴0.1%吕氏美蓝液于载玻片中央，再滴一滴酵母液0.1mL，混匀，加盖玻片，立即镜检计数。

（2）数出某个视野内蓝色酵母数

（3）数出该视野内透明酵母数

$$死亡率=\frac{蓝色酵母个数}{蓝色酵母个数+透明酵母个数}\times 100\%$$

五、实训结果

1. 第一次计数的透明酵母细胞数目＝____个，出芽酵母数目＝____个，蓝色酵母数目＝____个。

2. 第二次计数的透明酵母细胞数目＝____个，出芽酵母数目＝____个，蓝色酵母数目＝____个。

3. 从两次的计数结果中求出平均值：透明酵母细胞数目＝____个，出芽酵母数目＝____个，蓝色酵母数目＝____个。

4. 稀释倍数＝____倍。

5. 求出每毫升酵母菌液中的细胞数＝____个。

6. 求得出芽率＝____。

7. 求得死亡率＝____。

六、思考题

1. 公式中为什么要×400，×10000？

2. 血球计数法使用过程中有什么不足?

3. 怎样才能尽可能减少误差?

4. 如何区别活酵母和死酵母?

5. 如何维护细胞计数板?

拓展阅读

黄酒酿造中培养基的应用

自然界的环境多变而复杂，微生物在这种环境中很难迅速地生长或旺盛地繁殖，或大量地积累我们所需要的代谢产物。微生物培养基是由人工方法配合而成的，专供微生物培养、分离、鉴别、研究和保存用的混合营养物制品。

由于不同的微生物对营养物质的需求不同，即使微生物在相同生产阶段，根据不同的培养目的，也应该提供不同的培养基。通过人为控制培养基中营养物质的种类和数量，可以有效地促进某种特定的微生物生长繁殖，而控制或抑制其他微生物的生长繁殖；也可以促进微生物发酵积累某种特定的代谢产物，而抑制其他代谢产物的积累。

一、黄酒酿造过程中原料处理

黄酒酿造过程，其实就是一个多种微生物生产调控的过程。所投入的原料就是为微生物生长繁殖所提供的营养，原料处理就是一个培养基配制过程。

绍兴黄酒的酿造需要将糯米精白，一般精白度为90%，精白处理后，糯米中的脂肪、蛋白质等物质被大量地去除，剩余的物质大部分为淀粉。在浸米前过筛，以除去米中的糠秕碎米以及其他的杂质。去除这些杂质一方面是为了减少这些物质本身对黄酒风味的影响，更主要是为了防止营养太丰富，导致其他各类杂菌的大量繁殖。杂菌的繁殖一方面将干扰正常生产菌种成为优势菌种，另一方面杂菌的代谢物可能带给黄酒不愉快的风味物质。

糯米经一段时间的浸渍使淀粉颗粒巨大分子链，由于水化作用而展开，便于常压短时间就能糊化透彻，以避免饭料中心出现白心现象。蒸饭后根据工艺的不同，可通过淋水或摊冷的方式将米饭的温度降低。再根据配方投入水和曲等原料，完成黄酒酿造中的投料工作，即完成培养基配制工作。酒母作为菌种，接入到发酵罐后，开始麦曲中的微生物边糖化大米，酵母边发酵的过程。

二、培养基的设计与优化

目前还不能完全从生化反应的基本原理来推断和计算出适合某一菌种的培养基配方，只能用生物化学、细胞生物学、微生物学等的基本理论，参照前人所使用的较适合某一类菌种的经验配方，再结合所用菌种和产品的特性，采用摇瓶、玻璃罐等小型发酵设备，按照一定的实验设计和实验方法选择出较为适合的培养基。

培养基设计的基本步骤是：根据前人的经验和培养基成分确定时一些必须考虑的问题，初步确定可能的培养基成分，通过单因子实验最终确定出最为适宜的培养基成分。当培养基成分确定后，剩下的问题就是各成分最适的浓度，由于培养基成分很多，为减少实验次数常采用一些合理的实验设计方法。这些实验往往基于多因子实验，包含单因素设计、正交实验设计、响应面分析等。

第四章 灭菌与无菌操作

在工业微生物培养过程中，只允许生产菌存在和生长繁殖，不允许其他微生物共存，因此所有发酵过程，必须进行纯种培养。特别是在种子移植过程、扩大培养过程以及发酵前期，如果杂菌一旦侵入生产系统，就会在短期内与生产菌争夺养料，严重影响生产菌正常生长和发酵作用，以致造成发酵异常。所以整个发酵过程必须牢固树立无菌观念，强调无菌操作。除了设备应严格按规定保证没有死角，没有构成染菌可能的因素外，还必须对培养基和生产环境进行严格的灭菌和消毒，防止杂菌和噬菌体的污染。

在好氧发酵时，通入发酵系统的空气，如果夹带有各类其他的微生物，这些微生物便会在培养系统合适的条件下大量繁殖，从而干扰纯种培养过程的正常进行，甚至使培养过程彻底失败导致倒罐，造成严重的经济损失。空气除菌不彻底是发酵染菌的主要原因之一。

第一节 灭 菌

一、灭菌

灭菌与消毒是微生物操作中最基本的技术。消毒是除去杂菌，除去会引起感染的微生物。灭菌指的是杀死一切微生物（包括营养细胞和芽孢等），不分病原或非病原微生物、杂菌或非杂菌。防腐指的是抑制微生物的生长和繁殖。

此外，消毒一般偏指化学因素处理，灭菌一般偏指物理因素处理。消毒不一定能达到灭菌的要求，而灭菌则可达到消毒的目的。在发酵工业生产中，为了保证纯种培养，在生产菌种接种培养之前，要对培养基、空气系统、消泡剂、流加物料、设备、管道等进行灭菌，还要对生产环境进行消毒，防止杂菌和噬菌体的大量繁殖。只有不受杂菌污染，发酵过程才能正常进行。

传统黄酒的酿造过程中，由于冬季低温发酵，同时采用酸浆水提高酵母活性，抑制杂菌。而且酵母活性强，所产生酒精也能进一步抑制杂菌。由于温度、pH、菌种等原因，因而可在不很严格的条件下生产。但由于环境和工具中存在大量的微生物，一旦气温升高或处理不当，易导致酒的总酸偏高，甚至发酵失败。

目前黄酒酿造中，企业无菌意识不强，灭菌方式较少，灭菌部位集中在煎酒和灌装两块。造成煎酒压力大，能耗高。如果在操作过程中，提高无菌操作意识和环境洁净程度，完全有可能降低煎酒温度和时间，最终实现纯生黄酒。

二、灭菌的方法

灭菌和消毒的方法有：干热灭菌法、湿热灭菌法、火焰灭菌法、电磁波灭菌法、射线灭菌法，化学药品灭菌法及过滤除菌法。根据灭菌对象和要求不同选用不同的方法。

1. 干热灭菌法

（1）火焰灭菌法　利用火焰直接杀死微生物的灭菌法称为火焰灭菌法（图4－1）。该法方法简单，灭菌彻底，但使用范围有限，适用于接种针、玻璃棒、三角瓶口等的灭菌。使用金属工具、载玻片等灭菌时，应先将其浸泡在75%酒精溶液中，用时取出，迅速通过火焰，瞬间灼烧灭菌。

（2）干热空气灭菌法　利用干热灭菌柜（图4－2）进行干热灭菌时，微生物细胞发生氧化，微生物体内蛋白质变性和电解质浓缩引起中毒等作用，其中氧化作用导致微生物死亡是主要依据。一般控制在160～170℃，1～1.5h。实际应用时，对一些要求保持干燥的实验器具和材料，且耐热的工具，可以采用干热灭菌法，如空的玻璃器皿、金属用具等耐高温的物品。

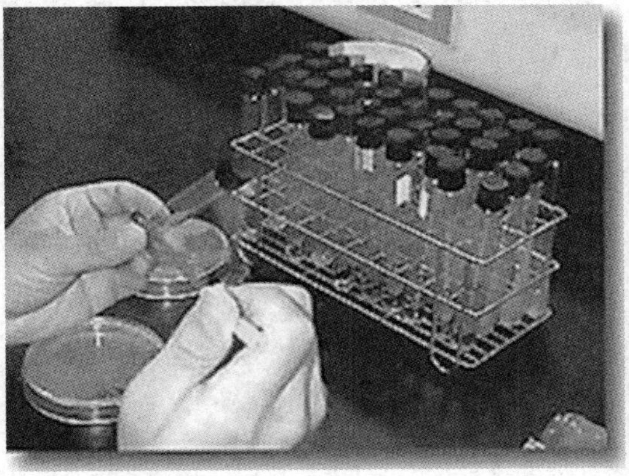

图4－1　火焰灭菌

图4－2　干热灭菌柜

2. 湿热灭菌法

（1）高压蒸汽灭菌法　利用灭菌锅内（图4－3）的饱和蒸汽进行灭菌的方法称为湿热灭菌法。其原理是借助于蒸汽释放的热能使微生物细胞中的蛋白质、酶和核酸分子内部的化学键，特别是氢键受到破坏，引起不可逆的变性，使微生物死亡。由于蒸汽有很强的穿透能力，所以灭菌的温度低于干热空气灭菌温度。由于最耐热的芽孢在121℃，12min后死亡，所以一般的湿热灭菌条件为121℃，15～20min。

同时，蒸汽来源方便，价格低廉，灭菌效果可靠，是目前最为常用的灭菌方法。一般培养基、玻璃器皿、无菌水、无菌缓冲液、金属工具、实验服及传染性标本均可采用此法灭菌。

（2）常压煮沸法　一般煮沸15～30min，可杀死细菌的营养体，但对其芽孢往往需要煮沸1～2h，如果在水中加入2%碳酸钠，可促使芽孢死亡，亦可防止金属器械生锈。

在小企业中，特别是传统行业中，该法较为常用。黄酒酿造中蒸饭等原料的蒸煮，除了达到淀粉颗粒膨胀的效果以外，也达到了原料灭菌的效果。黄酒行业中，煎酒的操作，其实也是一种常压煮沸灭菌。

（3）巴氏消毒法　利用较低温度处理牛乳（图4－4）、酒类等饮料，杀死其中可能存在的无芽孢病原菌，却不损害饮料的营养和风味。由于结核杆菌在62℃下15min致死，所以一般采用63～66℃下30min或者71℃下15min，然后迅速冷却。

图4－3　高压蒸汽灭菌锅

图4－4　巴氏消毒乳

巴氏消毒法不是严格意义上的灭菌而是消毒，仅能杀死部分病原性微生物，仍存在微生物，所以不利于长期保藏。但可以通过提高生产环境的洁净程度，降低感染微生物的风险。

如果黄酒生产环境的洁净程度提高，可以适当降低温度和时间，也能达到效果。设想黄酒的煎酒能从90℃降低到71℃甚至是63℃，黄酒的风味将得到改善，营养不会流失，同时也节约大量的能耗。

3. 射线灭菌法

利用电磁波、紫外线（图4－5）、X射线、γ射线或放射性物质产生的高能粒子进行灭菌，以紫外线最常用。紫外线对芽孢和营养细胞都能起作用，但细菌芽孢和霉菌孢子对紫外线的抵抗力强。波长在260nm左右灭菌效率最高。其原理是在紫外线下同链DNA相邻的胸腺嘧啶间形成胸腺嘧啶二聚体，抑制DNA正常复制；空气中产生O_3；水氧化生成过氧化氢。但是紫外线的穿透力低，仅适用于表面灭菌和无菌室、培养间等空间的灭菌，距照射物不超过1.2m，而且可见

图 4－5　射线灭菌

光使微生物形成的胸腺嘧啶二聚体拆开复原。

使用紫外线灭菌时，可以根据 W/m^3 来计算。使用时应注意，紫外线对人体有伤害，可严重灼烧眼结膜，对皮肤有刺激作用，所以不能直视紫外灯，也不能开着紫外灯工作。

除紫外线外也可利用 X 射线和 γ 射线进行灭菌。

4. 过滤除菌法

（1）培养基过滤除菌　培养基中的酶、维生素、氨基酸等热敏性物质，不能采用高温灭菌，但是可以通过过滤灭菌（图 4－6）。实验室常用的过滤器孔径是 0.45μm 和 0.22μm，可以拦截大部分的微生物，拦截病毒则需 0.04μm 的过滤器。孔径越小越昂贵，可以联合使用多级过滤器延长小孔径过滤器的使用寿命。

图 4－6　过滤灭菌

（2）空气过滤除菌　机械化黄酒发酵过程中，需要通入无菌空气来满足生产。工业发酵中的“无菌”空气通常是采用过滤法来除去空气中的灰尘、水分、菌体。如无菌室和超净台的空气，都是需要过滤的。

5. 熏蒸消毒法

（1）甲醛高锰酸钾熏蒸法　高锰酸钾溶液的灭菌作用是使蛋白质、氨基酸氧化，使微生物死亡，用0.1%～0.25%的溶液即可。甲醛（HCHO）是强还原剂，它能与蛋白质的氨基结合，使蛋白质变性，对氨基和蛋白质的变性有较强活性。一般将两者混合使用。称取高锰酸钾（相当于高锰酸钾用量的一半）置于烧杯内，再量取甲醛溶液（$6g/m^3$）倒入烧杯中，立即关门，12h后使用甲醛等量的氨水中和。几秒钟内，甲醛溶液沸腾挥发。高锰酸钾是一种强氧化剂，与甲醛溶液混合后，氧化产生的热可使甲醛溶液挥发为气体。可用于空间消毒，但甲醛的穿透力较差。

（2）硫磺熏蒸法　先取走或保护好金属制品，再在空间表面洒水，称取硫磺粉（$2\sim3g/m^3$）将其放在垫有纸张的烧杯内，点火燃烧后，维持24h。

利用硫磺（图4－7）燃烧产生的SO_2，遇水或水蒸气后产生H_2SO_3，SO_2和H_2SO_3的还原力较强，能使菌体脱氧致死。可用于接种室和培养室的空间消毒，如曲房，特别是葡萄酒生产中，用在酒窖和橡木桶的消毒。

6. 有机溶剂消毒法

（1）乙醇　乙醇对营养细胞、病毒、霉菌孢子均有杀死作用，但对芽孢效果较差，主要用于物体的表面和皮肤消毒。乙醇消毒的最佳浓度是70%～75%（图4－8），利用它的脱水作用、溶解细胞膜脂等，引起蛋白质变性。浓度过高，会使菌体表面蛋白质变性，形成一层蛋白质沉淀膜，阻止乙醇进入菌体，浓度过低则无法发挥作用。

图4－7　硫磺

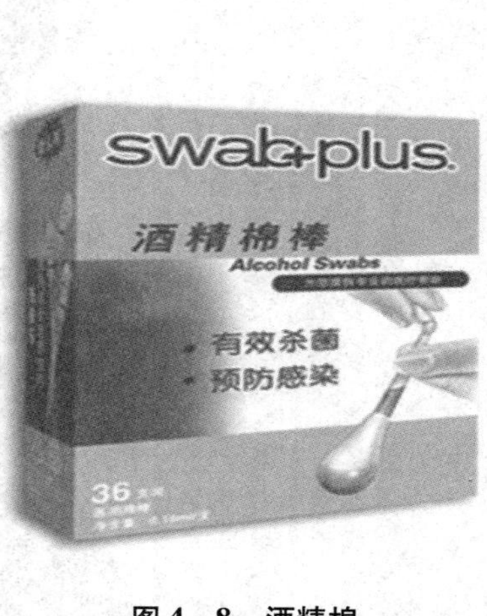

图4－8　酒精棉

（2）新洁尔灭　季铵类，属阳离子表面活性剂，能在10min内杀死营养细胞，但对芽孢无效。常将5%的原液稀释使用，0.01%溶液用于创面消毒，0.1%

用于皮肤、器械盒环境的消毒。稀释液对人体无刺激，不污染衣服，性质稳定，易保存，可作为无菌室的空间喷雾和台面消毒使用。

(3) 来苏尔（2%煤酚皂） 石炭酸（苯酚）能使蛋白质变性，但水溶性较差，故与皂液和煤油混合使用，称为来苏尔。常用于物体表面、地面和皮肤消毒。

苯酚作为消毒和杀菌剂已有百年历史，但苯酚毒性较大，易污染环境，且水溶性差，使应用受到限制。

(4) 氯 氯是最有效和应用最广泛的化学消毒剂，常用于自来水、游泳池内的水消毒等。消毒剂量一般为0.2~1.0mg/kg。

漂白粉的有效成分是$Ca(ClO)_2$，消毒浓度为0.5%~5%，缺点是碱性太大。一般用于黄酒酿造用水的消毒。

7. 干燥灭菌法

水是微生物细胞的重要成分，占活细胞的80%以上，它参与细胞内的各种生理活动，因此没有水就没有生命。降低物质的含水量直至干燥，就可以抑制微生物的生长，防止腐败与霉变。传统黄酒酿造行业中，将缸盖晒太阳等环节，即用到干燥灭菌的原理。

三、培养基的灭菌

1. 间歇灭菌

培养基进入之前，对容器进行灭菌，称为空罐灭菌（简称空消），如发酵池可采用甲醛或SO_2熏蒸灭菌；密闭的发酵罐可采用蒸汽灭菌。打入培养基之后，通入蒸汽将培养基和容器一起灭菌，称为实罐灭菌（简称实消），即间歇灭菌。

在每批培养基全部流入发酵罐后，就在罐内通入蒸汽加热至灭菌温度，维持一定时间，再冷却到接种温度。其他灭菌设备一般采用蒸汽灭菌。

2. 连续消毒

连续灭菌也叫连消，其温度一般以126~132℃为宜，总蒸汽压力要求达到0.044~0.049MPa以上。灭菌时对培养基的加热可采用板式换热器，效率高，且利用冷培养基作冷却剂，既冷却了热培养基，又预热了冷培养基，节约用水和蒸汽。

3. 固体培养基灭菌

制作熟麦曲或麸曲时，需要对固体物料进行灭菌。固体物料呈粒状、片状、粉状，流动性差，不易翻动，吸水加热易成团，冷却接种困难。传统的通风曲池培养的物料，蒸煮后，通过扬渣机等工具翻拌冷却后接种。也可采用转鼓式灭菌机，装料通蒸汽后，以0.5~1r/min转动，培养基得到翻动，进行保温灭菌。现在大型黄酒企业采用的圆盘制曲机，从酱油行业引入后，应用于纯种熟麦曲的制作，取得较好的效果。

四、空气的净化

黄酒的生产中会用到压缩空气。如果不将空气中的微生物去除，将会被带入发酵液中，导致发酵失败。

空气中微生物的数量与环境有密切关系，湿润的南方多于干燥的北方，城市人口密集区多于农村，地面多于高空。因此企业经常采用在上风口处高空取空气，采用热灭菌法、静电除菌法或介质过滤法除菌。

黄酒在大罐储存时，应安装呼吸阀，避免温度波动导致的发酵罐形变。呼吸阀，就是采用膜过滤的方式，将空气过滤灭菌，使进入大罐的空气达到无菌标准。

第二节 无菌室使用与无菌操作

一、无菌操作室的设计要求与使用管理

1. 无菌操作室的设计要求

空气无菌程度用空气洁净度来表示，空气洁净度是指洁净环境中空气含尘（微粒）量多少的程度。空气洁净度的具体高低是用空气洁净度级别来区分的，这种级别是用操作时间内空气的计数含尘量（即单位容积空气中所含某种大小微粒的数量）来表示的，也就是从某一个低的含尘浓度起到不超过另一个高的含尘浓度为止，这一含尘浓度范围定为某一个空气洁净级别（表4－1）。

表4－1 环境空气洁净度等级

洁净级别①/级	≥0.5μm 尘埃数/（个/L 空气）	≥5μm 尘埃数②/（个/L 空气）	菌落数③/个
100000	≤3500	≤25	≤10
10000	≤350	≤2.5	≤3
1000	≤35	≤0.25	≤2
100	≤3.5	≤0	≤1

注：①洁净室空气洁净度等级的检验，应以动态条件下测试的尘粒数为依据。

②对于空气洁净度为100级的洁净室内≥5μm尘粒的计算应进行多次采样，当其多次出现时，方可认为该测试数值是可靠的。

③9cm平皿露置30min，37℃培养24h。

无菌操作室是指环境空气的悬浮微生物按无菌要求进行控制管理的洁净室，其关键区域的空气洁净度级别为100级或10000级背景下的100级，其辅助区域的空气洁净度级别为10000级。其设计要求一般有以下几点：

（1）采光良好，避免潮湿，远离污染区域，不安装下水道。

（2）面积不宜过大，一般为5~10m^2，高度不超过2.5m。

（3）由操作间和1~2个缓冲间组成，操作间的门和缓冲间的门应错开，以免气流带进杂菌；操作间与缓冲间之间应设置样品传递窗。

（4）表面必须光滑平整，无缝隙，不藏污垢，不留死角。

（5）应具有空气过滤的单向流空气装置，操作区域的洁净度达100级，室内温度控制在18~26℃，相对湿度控制在45%~65%。

（6）空气洁净度级别不同的相邻房间之间的静压差应大于5Pa，操作室与室外的静压差应大于10Pa。

（7）操作间和缓冲间均应设置能达到空气灭菌的紫外灯或其他装置，一般紫外灯功率为2~2.5W/m^3，紫外灯离操作台面以1m为宜。

2. 无菌操作室的使用管理

一般情况下，无菌操作室的使用管理应注意以下几点：

（1）每次使用前，应开启空气净化系统，使其运转1h以上，同时开启紫外灯进行灭菌。

（2）凡是进入无菌操作室的物品必须用消毒剂对表面进行消毒，再经物流缓冲间、传递窗口送入。

（3）操作人员进入无菌操作室时，应用消毒剂洗手，在缓冲间更换消毒过的工作服、工作帽及工作鞋，在风淋室进行风淋30s后才进入操作间。

（4）使用过程中，应尽可能减少人员走动，以免搅动空气增加污染。

（5）一般要求每周用适宜的消毒剂（如2%的石炭酸溶液）擦拭工作台、凳、门、窗及地面，然后用消毒剂（如3%石炭酸溶液）喷雾消毒空气，最后用紫外灯灭菌30min。

（6）应定期检查室内空气中菌落状况，常用沉降菌检测方法和浮游菌检测方法，以此来判断无菌操作室是否达到规定的洁净度，以便及时采取净化措施。

（7）定期对无菌操作室的洁净度进行再验证，并定期对无菌操作室的环境检测数据进行趋势分析和评估。根据评估结果，了解洁净室设施环境质量的稳定状况及变化趋势，决定是否有必要修订相应的警戒和纠偏限度。发现洁净度不符合规定时，应立即停止使用，寻找原因，彻底清洁，并经验证，达到规定后方可使用。

（8）定期更换紫外灯管，至少每年1次，以确保紫外灯管灭菌持续有效。

（9）定期更换净化系统的初效过滤器、中效过滤器及高效过滤器，至少2年1次，以确保净化系统的功能持续有效。

二、空气与培养基的微生物检测方法

1. 空气中沉降菌检测方法

将经严格灭菌的直径为9cm的营养琼脂平板放置在预定位置，打开平板盖，在空气中暴露30min，然后盖好培养皿，置于37℃培养48h，取出观察是否有菌落生长，并计算菌落数。检测时，应按要求在不同地点放置多个平板采样，计算培养后出现菌落的平均数，以此判断空气的洁净度。

2. 空气中浮游菌检测方法

浮游菌采样器宜采用撞击法机理的采样器，一般采用狭缝式采样器或离心式采样器，并配有流量计和计时器。采用狭缝式采样器时，由附加的真空抽气泵抽气，通过采样器缝隙式平板，将采集的空气喷射并撞击到缓慢旋转的平板培养基表面上，附着的活微生物粒子经培养后形成菌落，然后予以计数。采用离心式采样器时，由于内部风机高速旋转，气流由采样器前部吸入，从后部流出，在离心力作用下，空气中的活微生物粒子有足够时间撞击到专用的固形培养条上，经培养后形成菌落，予以计数。培养温度为37℃，培养时间不少于48h。

3. 培养基中微生物检测方法

在火焰保护下，按无菌操作要求，对灭菌后的培养基进行取样；然后，在无菌操作室内将培养基样品涂布在经严格灭菌的营养琼脂平板上，盖好培养皿，置于37℃下培养48h，观察是否有菌落生长，并予以计数，以判断培养基灭菌效果。

思考题

一、名词解释

1. 灭菌

2. 消毒

3. 空消

4. 实消

5. 连消

二、简答题

1. 湿热灭菌的原理是什么？

2. 紫外灯灭菌原理是什么？

3. 解释湿热灭菌、高锰酸钾甲醛熏蒸和硫磺熏蒸的操作方式，及三种方式适用范围。

4. 无菌室的使用管理注意点是什么？

三、论述题

纯生啤酒通过严格的过程控制，杜绝了杂菌污染，保证了酵母的纯种发酵。试设计分析纯生黄酒的可行性。

实训五　实验室培养基的配制

一、目的要求

1. 学会一般培养基的制备原理、方法。

2. 掌握培养基及器皿的灭菌方法。

二、实训原理

培养基是按照微生物生长繁殖所需要的各种营养物质，用人工方法配制而成的基质。其中含有微生物生长所需的水分、碳水化合物、含氮化合物、无机盐及各种必需的维生素。培养基可以为微生物生长提供能源、组成菌体细胞的原料以及调节代谢活动。由于不同微生物营养类型不同，对营养物质的要求也各不相同，因此，需要配制不同种类的培养基。一般培养细菌常用牛肉膏蛋白胨培养基，培养放线菌常用淀粉培养基，培养霉菌常用马铃薯培养基，培养酵母菌常用麦芽汁培养基（或麦芽糖、蛋白胨培养基）。

培养基除了要满足微生物生长所要求的各种营养物质外，还应保证微生物所需要的其他生活条件，如适宜的酸碱度、渗透压等。因此，根据不同种类微生物的要求，应将培养基调节到一定的pH范围，如细菌培养基中性偏碱性，放线菌培养基偏碱性，霉菌、酵母菌培养基偏酸性。

根据研究目的不同，可以将培养基制成固体、半固体和液体三种形式。固体培养基的营养成分与液体培养基相同，仅在液体培养基中加入凝固剂作支持物，通常加入1.5%～2.0%的琼脂，半固体培养基加入0.3%～0.5%琼脂作支持物，有时也可用明胶或硅胶作为凝固剂。

三、实训器材

1. 材料

马铃薯、蔗糖、牛肉膏、蛋白胨、可溶性淀粉、琼脂、NaCl、KNO_3、K_2HPO_4、$MgSO_4 \cdot 7H_2O$、$FeSO_4 \cdot 7H_2O$、NaOH、HCl。

2. 器具

试管、三角烧瓶、漏斗、量筒、吸管、烧杯、纱布、棉花、玻璃棒、pH试纸、铁架台、漏斗架、止水夹、电炉、台秤、硫酸纸、药匙、牛皮纸、线绳、标签纸、剪刀、小刀、镊子、白瓷盘、铁丝筐。

四、实训步骤

1. 培养基的配方

（1）牛肉膏蛋白胨培养基（培养细菌用） 牛肉膏0.3g，蛋白胨1.0g，蒸馏水100mL，NaCl 0.5g，pH 7.2~7.4。固体培养基加琼脂2.0g。

（2）马铃薯（PDA）培养基（培养霉菌用） 马铃薯20g，蒸馏水100mL，蔗糖2.0g，pH自然。固体培养基加琼脂2.0g。

马铃薯汁制备：将马铃薯去皮，称量所需重量，切成小块，加水煮沸30min，纱布过滤，补足水量。

（3）察氏培养基（培养霉菌用） 硝酸钠3g，磷酸氢二钾1g，硫酸镁（$MgSO_4 \cdot 7H_2O$）0.5g，氯化钾 0.5g，硫酸亚铁 0.01g 蔗糖 30g，蒸馏水1000mL。固体培养基加琼脂20g。

硫酸镁等微量成分可通过配制母液，再稀释的方式获得，以减少称量过程中带来的误差。

（4）麦芽汁培养基（培养霉菌和酵母用）

①麦芽由啤酒厂购买。

②取一份麦芽粉加四份水，在65℃水浴锅中保温3~4h，使其自行糖化，直至糖化完全（检查方法是取0.5mL的糖化液，加2滴碘液，如无蓝色出现，即表示糖化完全）。

③糖化液用4~6层纱布过滤，滤液如仍浑浊，可用鸡蛋清澄清（用一个鸡蛋清，加水20mL，调匀至生泡沫，倒入糖化液中，搅拌煮沸，再过滤）。

④用波美比重计检测糖化液中糖浓度，将滤液用水稀释到10~15°Bé，调pH至6.4。如当地有啤酒厂，可用未经发酵，未加酒花的新鲜麦芽汁，加水稀释到10~15°Bé后使用。

⑤如配固体麦芽汁培养基时，加入2%琼脂，加热融化，补充失水。

2. 培养基的制作

（1）称量 按照培养基的配方，准确称取各成分于烧杯中。

（2）溶化 向上述烧杯中加入所需要的水量，搅动，然后加热使其溶解，冷却后补足水量。如需加入琼脂，必须在煮沸的条件下再添加；如果配方中含有淀粉，则需先将淀粉加热煮融，再加入其他药品，并补足水量。

（3）调节pH 初制备好的培养基往往不能符合所要求的pH，故需用酸度计、pH试纸或用氢离子浓度比色计来校正，用0.1mol/L NaOH或1mol/L HCl调至合适的范围。

（4）过滤 用滤纸或双层纱布（中间夹一层脱脂棉）趁热过滤。

（5）分装 根据不同的需要，将配制好的培养基分装入试管或三角烧瓶内，管（瓶）口塞上棉塞（或硅胶泡沫塞），用牛皮纸包扎管（瓶）口（图1）。

①液体：分装高度以试管高度的1/4左右为宜；如需摇瓶振荡培养，分装的量应当不超过1/3。

②固体：分装试管，每管装液量为管高的1/5，灭菌后制成斜面；分装三角烧瓶的量以不超过1/2为宜；分装平皿则倾注培养基15～20mL。

③半固体：分装试管一般以管高度1/3为宜，灭菌后制成斜面或垂直待凝成半固体深层琼脂。

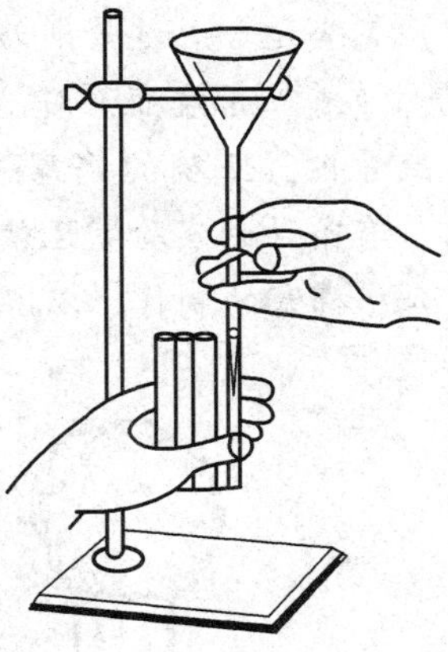

图1 培养基的分装

(6) 灭菌 采用高压灭菌。如果是摆斜面，应当趁热（50℃）按排摆放，使培养基形成的斜面长度不超过试管总长的一半（图2）。

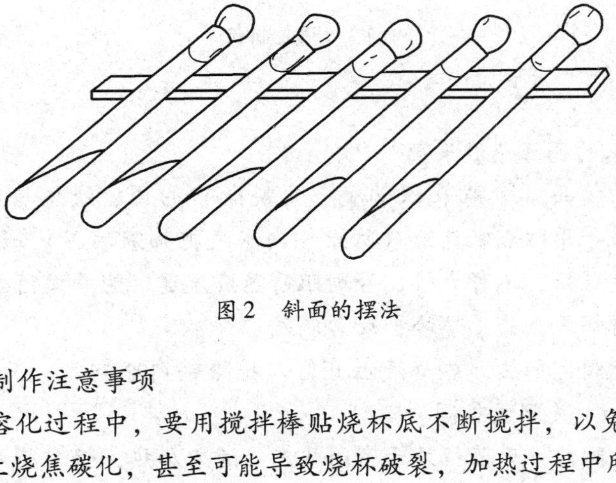

图2 斜面的摆法

3. 培养基制作注意事项

(1) 加热溶化过程中，要用搅拌棒贴烧杯底不断搅拌，以免琼脂或其他物质粘在烧杯底上烧焦碳化，甚至可能导致烧杯破裂，加热过程中所蒸发的水分应补足。

(2) 每一种培养基的pH必须按各自不同要求准确校定。

(3) 所用器皿要洁净，勿用铜质和铁质器皿。

(4) 分装培养基时，注意不得使培养基在瓶口或管壁上端沾染，以免引起杂菌污染。

(5) 培养基的灭菌时间和温度，需按照各种培养基的规定进行，以保证杀菌效果和不损失培养基的必要成分，培养基灭菌后，必须放在37℃温箱培育24h，无菌生长方可使用。

4. 棉塞制作

棉塞可过滤空气，防止杂菌侵入并可减缓培养基水分的蒸发，所以正确地制备棉塞是培养基制备中重要的一环。正确的棉塞是形状大小、松紧应与试管（或三角烧瓶）完全适合。过紧则妨碍空气流通，操作不便；过松则空气会毫无障碍地进入试管（或三角烧瓶）中，达不到过滤空气中微生物的目的。棉塞过小往往易掉进试管内。正确的棉塞头较大，约有1/3在试管外，2/3在试管内（图3）。目前，有条件的实验室已使用塑料试管帽、金属试管帽、硅胶泡沫塞替代棉塞，此处介绍棉塞的制作，以备不时之需。

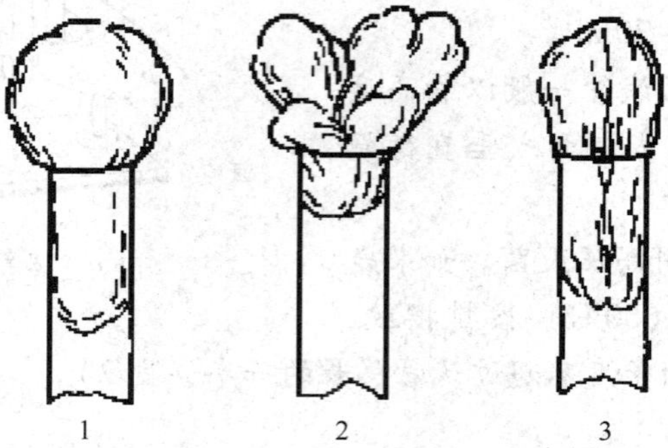

图3　棉塞制作

5. 灭菌

（1）培养基的高压蒸汽灭菌

①需灭菌的物品（分装在试管、三角烧瓶中的固、液体培养基），加上棉塞、硅胶泡沫塞等用防潮纸包好（防止锅内水汽把棉塞淋湿），放入灭菌锅内的套筒中。摆放要疏松，不可太挤，否则阻碍蒸汽流通，影响灭菌效果。

②关闭灭菌锅盖，旋紧螺栓，切勿漏气。

③打开放气阀，加热，热蒸汽上升，以排除锅内冷空气。灭菌锅内水沸腾，排大汽5~10min，关闭放气阀。

④关闭放气阀后，灭菌锅处于密闭状态，随着加热，锅内蒸汽不断增多，这时压力和温度都上升，当温度升至121℃，压力达0.1MPa时，保持20~30min，即达到灭菌目的。

⑤灭菌完毕，待压力表上压力读数自然降至“0”时，打开放气阀。注意不能打开过早，否则突然降压致使培养基冲腾，使棉塞、硅胶泡沫塞沾污，甚至冲出容器以外。

⑥打开灭菌锅盖，取出已灭菌的器皿及培养基。

（2）干热灭菌法　常用于空玻璃器皿的灭菌。凡带有橡胶或塑料的物品、液体及固体培养基等，都不能用干热法灭菌。进行灭菌时，先将要灭菌器皿（培养皿、吸管的包装方法见示范）包好，放入电热烘箱内，调节温度至160~170℃，维持1~2h（当温度升至80℃以上切勿打开烘箱，以免引起玻璃器皿破裂和火灾）。灭菌后，当温度降至30~40℃时，打开箱门，取出灭菌器皿。

五、实训结果

1. 每一小组制一种培养基300mL，其中200mL分装于2～3个锥形瓶中，另外100mL分装入试管，每管5～7mL，待灭菌后制成斜面。

2. 每一小组制备无菌水1瓶（100mL三角烧瓶中加水99mL，内装少许玻璃珠），制备无菌水试管4支（每支试管加水9mL）灭菌。

3. 每一小组准备1mL塑料吸嘴（湿热蒸汽灭菌）或1mL吸管（干热灭菌）5支，培养皿12套（干热灭菌）。

4. 将斜面置于微生物培养箱中，37℃下培养48h，观察是否有微生物生长。

六、思考题

1. 高压蒸汽灭菌开始之前，为什么要将锅内冷空气排尽？

2. 灭菌完毕，为什么要待压力降到0时才能打开排气阀，开盖取物？

3. 在使用高压蒸汽灭菌锅灭菌时，怎样杜绝不安全的因素？

4. 摆斜面后，发现斜面内有大量的冷凝水出现，试分析原因和解决方案。

实训六　无菌室的使用与接种技术

一、目的要求

1. 掌握无菌室操作的步骤。

2. 掌握斜面接种和平板接种的步骤。

二、实训原理

无菌操作是一项将在无菌状态下分离培养出来的微生物菌落、斜面或试管中的菌体，接入斜面、液体试管或他容器中的一种操作。

无菌操作有两个主要目的，其一是防止实验室的培养物被其他外源微生物污染；其二是防止实验者本人被微生物感染。后者往往被人所忽略。无菌操作也是一项十分重要的安全措施。

三、实训器材

菌种、试管斜面、酒精灯、酒精棉、超净台、接种针。

四、实训步骤

1. 无菌操作

（1）接种前准备

①注意无菌室的日常卫生清扫，并经常进行消毒灭菌工作（用消毒酒精溶液或新洁尔灭等擦拭接种器具和超净台等），用高锰酸钾、甲醛熏蒸无菌室。

②在接种前应当先打开紫外灯灭菌20～30min（注意：在紫外灯灭菌期间，人不得进入）。

③经常进行无菌室的无菌程度检查，包括无菌室空气、器具、培养基、工作衣帽等的无菌检查，全部检查合格后方可应用（无菌检查通常是对待检对象取样，并在无菌条件下利用固体培养基在培养皿中进行平板培养，观察是否有微生物菌落生长的方法）。

④准备无菌操作时使用的无菌工作鞋、工作衣、口罩。

⑤无菌操作所涉及到的器皿均严格灭菌。

⑥接种用试管、三角瓶等做好标记，注明培养基、菌种名称、日期。

⑦移入接种室内的所有物品，均须在缓冲室内用75%的酒精擦干净。

（2）接种时操作要点

①用75%酒精或新洁尔灭擦拭双手和台面。

②操作过程不应离开酒精灯火焰。

③棉塞不得随处乱放，应用小拇指和手掌夹住。

④接种前接种工具需经火焰灼烧灭菌。

⑤接种时动作要规范、科学，尽量减少操作步骤，迅速接种。

⑥接种结束后，接种工具须经火焰灼烧灭菌后方可放在桌上。

⑦棉塞必须塞得松紧适宜。

⑧所有使用过的器皿均须严格灭菌。

⑨接种用的培养基均须事先做无菌培养试验。

2. 接种操作方法与规范操作

（1）斜面接种（图1）

①操作前，先用75%的酒精擦手，待酒精挥发后才能点燃酒精灯。

②将菌种试管和斜面试管握在左手的大拇指和其他四指之间，使斜面和有菌种的一面向上，并处于水平位置。

③将菌种和斜面的棉塞旋转一下，以便接种时便于拔出。

④右手拿接种环，将接种环将要插入试管部分的金属柄和金属丝在酒精灯火焰上灼烧灭菌。

⑤用右手小指、无名指或手掌将菌种试管和斜面试管的棉塞同时拔出，并把棉塞握住，直至接种完毕用火焰烧管口后，方可将棉塞重新插回。棉塞不得任意放于桌面上或其他物品上。

⑥将已经灭菌过的接种环伸入菌种试管中，先将接种环接触试管内壁以充分冷却接种环防止烫死菌种。轻轻用接种环挑取适量菌种，并迅速取出。不得接触试管内壁，切勿通过火焰。

⑦在火焰的周围迅速将粘有菌种的接种环插入斜面试管中，在斜面上自下而上地曲折划线，此时切不可用力过大而划破斜面培养基。

⑧接种完毕，将接种环取出，经火焰灼烧灭菌，再用酒精灯灼烧管口，然后将棉塞塞回。注意不可用试管口迎棉塞，防止菌种外溢，而应当用棉塞去接近试管。

⑨接种针灼烧后放回原位。

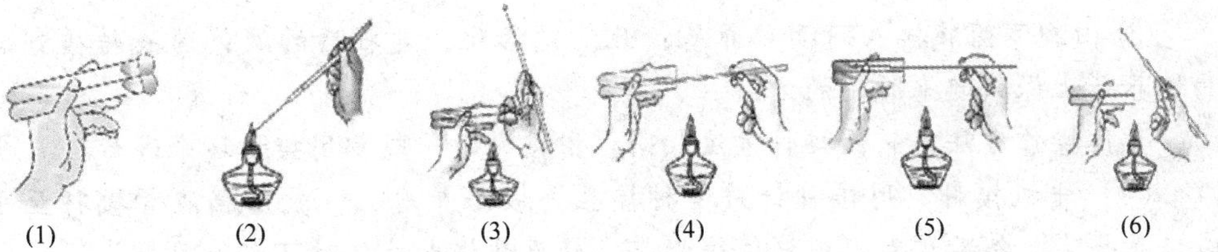

图1 斜面接种步骤

(2) 穿刺接种 将菌种接入固体深层培养基中（图2)，此法用于嫌气性细菌接种或为鉴定细菌时观察生理性能用。具体操作方法与斜面接种方法相似，但不同的是，用接种针刺入柱状固体培养基里。用接种针取出少许菌体，将接种针自培养基的中心刺入，直到接近管底（2/3 深度)，但不能穿透，然后沿原来穿刺途径慢慢拔出。这样使接种线整齐，易于观察。

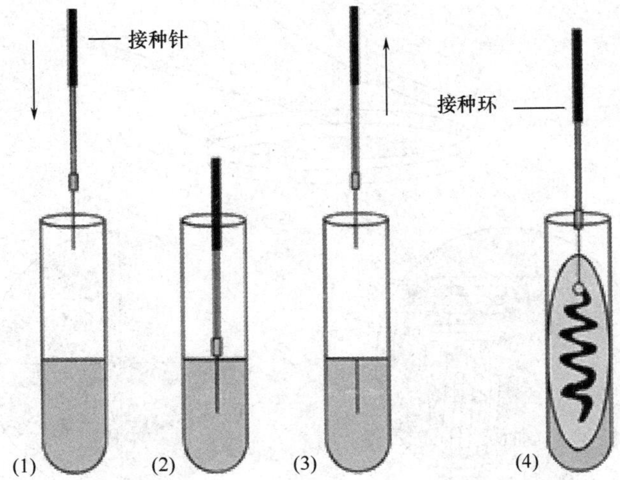

图2 穿刺接种步骤

（1）接种针不得碰到试管壁 （2）接种针只能刺到培养基 2/3 深处

（3）接种针原路拔出 （4）接种环斜面接种时画蛇形

（3）液体试管接种

①由斜面试管菌种接入液体试管培养基：此法主要用于观察细菌的生长特性

和生化反应。操作方法与步骤与前述相同，但是液体试管应当向上，接种环接完菌种后，须用接种环与管内壁轻轻研磨，便于菌种落下。接种后塞好棉塞，并将试管握于手中轻轻敲打，使菌体充分分散。

②由液体试管菌种接入液体试管培养基：此法在进行接种时，除要使用接种环外，有时还需要使用无菌吸管或滴管进行接种。操作时只需在火焰周围拔去棉塞，将管口通过火焰，用无菌吸管吸取菌液，并注入另一个液体培养基中，摇匀加盖棉塞即可。

③ 由液体菌液接入斜面培养基：此法是活化，复壮后的液体菌液转接到斜面培养基上保藏起来时用的方法。

具体操作方法与斜面接种方法相同，但接种时一般都用接种环来进行。

（4）平板接种　用接种针将菌种接至平板培养基上，或用移液管接种至平板培养基上，然后培养。观察菌落形态、分离纯化或计数时可以采用。

①斜面接平板：划线法（图3）：在酒精灯火焰上灼烧接种环，接前述方法接取菌种于接种环上。左手握琼脂平板稍抬起皿盖，同时靠近火焰周围。右手持接种环伸入皿内，在培养基表面轻快均匀地划动接种，不可划破培养基表面。重复前两项操作2~3次，直到菌种均匀布满整个培养基表面。待全部划线结束后，在平皿底部用特种蜡笔注明菌种、日期、组别、姓名等。

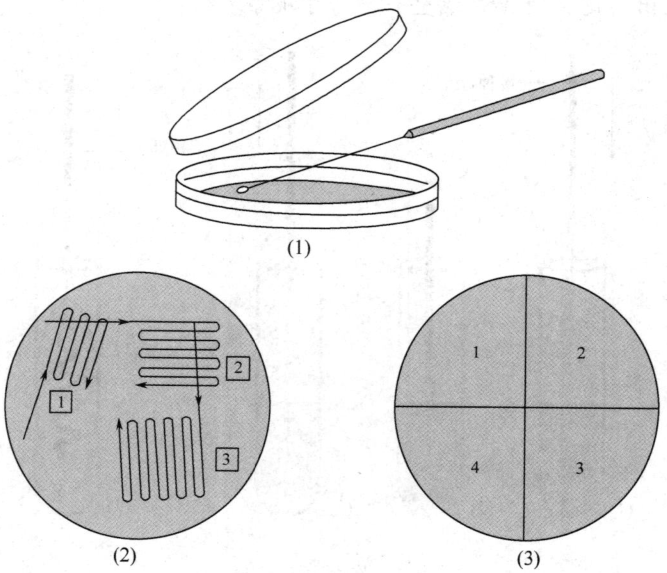

图3　平板划线

接种针按箭头划线。每次划线后应灼烧并冷却接种环，以减少菌体数量。

②斜面接平板：点接法：一般观察霉菌或酵母等较大菌落时采用该法。用接种环取酵母菌体后，在平板上点三点的形式接种。霉菌斜面上如果有孢子，应先

配制成孢子悬液，再接种，以防止孢子飞扬。

③液体接平板：涂布接种（图4）：用无菌吸管吸取菌液接至平板，然后用无菌涂棒涂匀后，倒置培养。

左手握琼脂平板稍抬起皿盖，同时靠近火焰周围。用无菌吸管吸取菌液注入平板。用无菌玻璃棒在平板表面均匀涂布。待5～10min后，将培养基移至培养箱内培养。

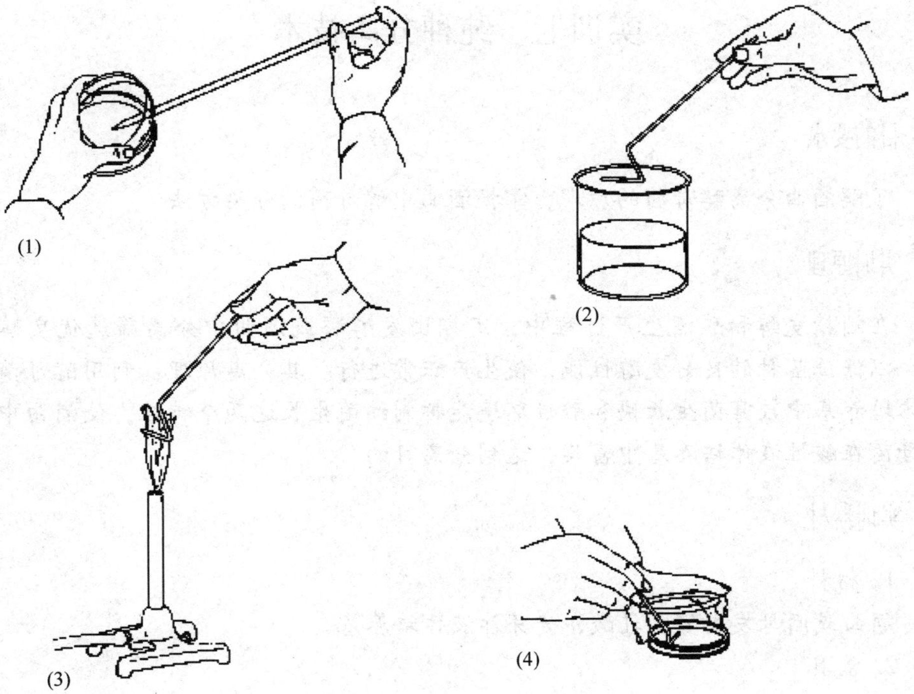

图4　涂布法

④液体接平板（倾注法）：用无菌吸管吸取菌液注入中心，注意不粘到培养皿四周。注入46℃培养基15mL，转动培养基使混合均匀，注意倾注时不粘到平皿壁，晃动时不粘到平皿盖。待5～10min后培养基凝固，将培养基移至培养箱内培养。

⑤平板接斜面：将平板上分离得到的单菌落，按无菌操作法接到斜面上培养并保存。用左手托培养皿，并用拇指与食指掀起皿盖成缝隙，将灼烧灭菌后的接种针伸至菌落边的空白处接触后冷却，然后调菌后移出接种环，左手放下培养皿，换拿一支斜面按斜面接种方式接种，移至培养箱培养。

五、实训结果

记录几种接种操作练习的实验结果。

六、思考题

1. 无菌操作与接种的区别与联系有哪些？
2. 当样品中的菌种生长较快时，该采用哪种方式接种？
3. 当样品中的菌种是兼性厌氧菌时，该采取哪种方式接种？
4. 思考平板划线的时候，接种针怎样操作才能不划破培养基？

实训七　纯种分离技术

一、目的要求

了解酒曲分离酵母菌的原理，掌握酒曲中酵母菌的分离方法。

二、实训原理

在酒精发酵和酿酒生产过程中，定期由发酵醪或酒曲中分离筛选优良酵母菌，以保证菌种的良好发酵性能，使生产正常进行。其分离原理：利用酵母菌在液体培养基中较霉菌生长快和酸性环境能抑制细菌生长这两个特性，使酒曲中的酵母菌在酸性液体培养基中富集，达到分离目的。

三、实训器材

1. 材料

酒曲或酒母发酵醪，乳酸，麦芽汁液体培养基。

2. 器具

试管，培养皿，吸管，小刀，镜检用物。

四、实训步骤

1. 平板制备

将麦芽汁琼脂培养基完全溶化，右手持盛培养基的三角烧瓶，置火焰旁边，左手拿平皿并松动试管塞或瓶塞，用手掌边缘和小指、无名指夹住拔出，如果三角烧瓶内的培养基一次可用完，则管塞或瓶塞不必夹在手指中。瓶口在火焰上灭菌，然后左手将培养皿盖在火焰附近打开一缝，迅速倒入培养基约15mL，加盖后轻轻摇动培养皿，使培养基均匀分布，平置于桌面上，待凝后即成平板。也可将平皿放在火焰附近的桌面上，用左手的食指和中指夹住管塞并打开培养皿，再注入培养基，摇匀后制成平板。最好是将平板放室温2～3d，或37℃培养24h，检查无菌落及皿盖无冷凝水后再使用。

2. 酵母的富集培养

用灭菌小刀剖开曲块，从内部挖取豆粒大小的一块，接入加有10mL麦芽汁培养液的试管中，同时加入乳酸调节pH至4.0～4.5，摇匀后于28℃培养24h。之后取1mL转接入另一支添加乳酸的麦芽汁试管中同法培养。在培养过程中如出现菌丝体应立即挑出，烧毁，经如此3～4次的转接培养，即得到酵母富集培养液。

3. 分离

（1）稀释涂布平板法　取酵母富集培养液或酒母发酵醪1mL，梯度稀释法（用一支1mL无菌吸管从培养液中吸取1mL悬液注入盛有9mL无菌水的试管中，使充分混匀。然后再用一支1mL无菌吸管从此试管中吸取1mL注入另一盛有9mL无菌水的试管中，以此类推制成10^{-1}、10^{-2}、10^{-3}、10^{-4}、10^{-5}、10^{-6}各种稀释度的溶液）稀释至10^{-7}，然后取各浓度稀释液0.1mL，分别接于已倒好的酸性麦芽汁固体平板上，用无菌涂棒涂布均匀，5min后倒置于28℃下培养48h。

（2）稀释混合平板法　此法与稀释涂布平板法基本相同，无菌操作也一样，所不同的是先分别吸取0.5mL 10^{-4}、10^{-5}、10^{-6}稀释度的酵母富集培养液或酒母发酵醪对号放入平皿，然后再倒入溶化后冷却到45℃左右的培养基，边倒入边摇匀，使样品中的微生物与培养基混合均匀，待冷凝成平板后，分别倒置于28℃和37℃温室中培养后，再挑取单个菌落，直至获得纯培养。

（3）平板划线分离法

①按稀释涂布平板法倒平板，并用记号笔标明培养基名称。

②划线在近火焰处，左手拿皿底，右手拿接种环，挑取上述10^{-1}的酵母富集培养液或酒母发酵醪一环在平板上划线。划线的方法很多，但无论哪种方法划线，其目的都是通过划线将样品在平板上进行稀释，使形成单个菌落。常用的划线方法有下列两种（图1）：

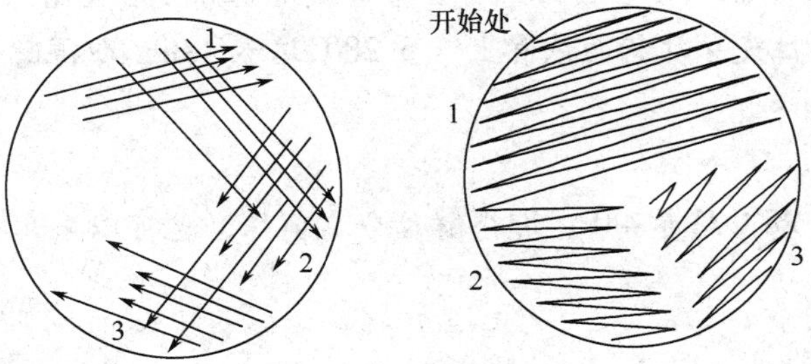

图1　划线分离方式

4. 挑菌接种

菌种分离一直到出现单菌落为止，挑取平板上的单菌落。对平板上长出的典型单菌落进行制片镜检，然后结合菌落特征选择圆形、较大、丰满隆起、色泽乳白、表面光润菌落准备移接。

(1) 创造无菌接种环境 无菌操作必须在无菌条件下进行。常见的无菌场所有净化工作台、接种箱和接种室。在进行操作前需将灭菌后的培养基以及接种用的酒精灯、工具等，放到接种场所，然后采用物理或化学方法进行环境处理。

①无菌室准备：使用前12h按照每立方米空间用10～14mL甲醛和5～10g高锰酸钾进行混合熏蒸，熏蒸时间不少于30min。或用市售气雾消毒剂进行熏蒸，75%酒精喷洒。为避免药害，接种前可以喷洒甲醛等量的氨水来中和残留的甲醛。

②超净台灭菌：操作前用75%的酒精棉球擦拭台面，然后打开紫外线灯照射消毒，并打开风机吹20～30min，将台面上含有杂菌的空气排除，保持台面处于无菌状态。

③紫外线灭菌：操作前将实验物品通过传递窗移入无菌室，无菌室再进行紫外灭菌，打开紫外线灯30min后，关闭紫外灯并打开风淋装置10～15min后备用。

(2) 工具灭菌与手的消毒 点燃酒精灯，用75%的酒精棉球擦拭手表面。将接种工具在酒精灯外焰上充分灼烧，杀死工具表面附着的杂菌。工具灭菌后不得再接触台面。

(3) 接种（以斜面接种为例） 左手拿一支母种和一支空白斜面，右手拿灭菌后的接种针，将两个棉塞同时拔掉，夹在右手的无名指和小拇指、小拇指和掌根之间，不可将棉塞放到台面上。拔掉棉塞后，试管口要在酒精灯火焰上方3～5cm处，利用火焰封口，然后用接种针切取少量母种，放到空白斜面中央，（接种酵母与细菌）划蛇形（接种霉菌则轻压以防止滑动）。最后塞好棉塞，接种环应在火焰上方灼烧。

(4) 整理 将接种后的斜面与操作中产生的垃圾通过传递窗移出无菌室，用75%的酒精棉球擦拭超净台面，打开紫外线灯30min后关闭。

分别接于酸性麦芽汁斜面试管上，置28℃培养48h，即得酵母分离菌株，供筛选用。

5. 培养

将酵母斜面28℃培养48h，即得酵母分离菌株，也可以采用平板分离方法继续纯化。

6. 液培鉴定

将纯化的酵母菌株分别接种于麦芽汁液体试管中，于28℃下培养24h，记录培养特征，镜检其细胞形态。根据不同的需要和目的，进行有关性能测定，以选择优良菌种供生产使用。

7. 菌种保藏

将鉴定得到的优良菌种，接种到斜面后置于4℃冰箱内保藏。

五、实训结果

1. 记录分离所得酵母菌的菌落特征。
2. 图示镜检的酵母细胞形态。

六、思考题

1. 在平板划线法中，为什么每次都需将接种环上的剩余物烧掉？
2. 为什么要将培养皿倒置培养？
3. 从酒曲中分离酵母菌的基本原理是什么？如何才能得到纯的优良菌株？

拓展阅读

黄酒发酵过程中染菌处理

传统的黄酒酿造是在开放式的环境下进行的，经常为杂菌所包围，原因如下：①开放式发酵，环境中的杂菌不断地进入发酵液中，干扰正常的发酵。②环境和工具的灭菌方式非常简单。原料通过蒸煮进行灭菌，容器等工具通过开水加晒太阳的方式灭菌，容器表面和环境通过撒生石灰或者表面涂抹石灰浆的方式进行灭菌。有些小企业要求不严格，工人无菌意识差，甚至不灭菌。③发酵的菌种和酶制剂含有杂菌，没有经过纯化这个步骤。

传统黄酒生产过程中，只有煎酒这一环节是采取较为严格的煮沸灭菌的，灭菌后灌入陶坛后，封泥头。为什么黄酒发酵过程中，企业不重视或者无需进行严格的灭菌？

1. 传统黄酒开放式生产的危害不大

因为黄酒可以开放式生产，或开放式生产感染杂菌危害不大。原因如下：

(1) 黄酒酿造的企业以熟地为佳，就是经常生产黄酒的地方。因为此地经常生产黄酒，环境中的有利于黄酒发酵的微生物相对富集。

(2) 传统黄酒酿造在冬季进行，微生物数量少。由于低温，大部分的微生物死亡或处于休眠状态。传统黄酒如果在其他季节生产，发酵失败的主要原因就是环境中微生物含量过多。

(3) 传统黄酒酿造所使用的酒药菌种较佳。传统的酒药以去年发酵较好的菌种作为娘药，生产新的酒药。因此经过数百年的自然选育，酒药的菌种已经能很好地适应黄酒的生产。

(4) 传统黄酒酿造所使用的酒药、麦曲、淋饭酒母，生产后放置一段时间后再使用。在贮存时间内，由于通风干燥，不耐受的杂菌或者质量差的生产菌逐渐死亡，这是一个自然淘汰的过程。所以如果生产好的麦曲直接使用，将导致酒的酸度上升。

（5）黄酒酿造中酒精的浓度逐渐上升，也杀死其他的微生物。

（6）总酸稍微超标，也可勾兑处理。稍超标的酸酒，可以作为调味酒，亦可作为带酒勾兑。

由于以上的这些原因，细菌等杂菌逐渐被淘汰，其代谢产物作为原料或风味物质进入黄酒发酵液中；霉菌和酵母等生产菌种逐渐成为优势菌种，所以传统黄酒发酵不易失败，而且口感复杂，风味独特。

2. 开放式生产造成的后果及目前应对措施

这不意味着黄酒酿造中，灭菌和杂菌控制不重要。由于传统黄酒的开放式发酵，菌种复杂，因此造成以下不利因素。

（1）传统黄酒的总酸高于机械黄酒的总酸。

（2）传统黄酒的煎酒温度高。生产环境较好的饮料企业，采取71℃的巴氏消毒法灭菌，也能达到较长的保质期。由于生产过程中，无菌意识不强，虽然黄酒中含有16%～18%的酒精度，也需要90℃的高温灭菌。灭菌温度高既造成了营养的破坏和风味的变差，还造成了能源的消耗。

目前较多的企业处理第一条的方法是，在保证理化指标和不破坏口感的前提下，勾兑使用传统酒。处理第二条的方法是，提高煎酒温度和延长灭菌时间，如果为了保证风味则通过冷冻过滤等方式，给黄酒的煎酒环节造成很大的压力。

3. 预防为主

目前黄酒的应对措施，均是治标不治本的方案，要解决煎酒的问题，生产纯生黄酒，应当在黄酒的生产过程中这一根本点入手。

（1）采用GMP生产环境。

（2）生产菌种的进一步改良。

（3）灭菌手段的改进。

4. 染菌的处理

早期发现酒的异常而及时采取措施会减少损失，生产中由于这样那样的原因，如果已经发生了异常现象，那么在生产过程中一般可以采用以下的办法：

（1）一般情况下如果前发酵有酸败的苗头时，也就是说虽然有异常但不明显时（此时严格意义上讲还不能说已经酸败，只要及时发现，措施得力完全能将发酵醪抢救过来。而且不会有后遗症，以后和正常的发酵醪完全一样），传统工艺会在异常的缸中加放淋饭酒母若干，充分搅拌均匀。主要的原理是利用淋饭酒母中大量的酵母从数量上压倒杂菌数量的优势，从而抑制杂菌的生长；如果是机械化那么我们会在异常的大罐中放入速酿酒母，其原理和传统工艺是一样的，操作方法也一样。这一阶段发现和补救一般不会有后遗症或影响很少。

（2）如果再晚一些发现问题，发酵醪已经出现较明显的感官异常，此时加入酒母或淋饭有效果但已经难以控制杂菌的大量繁殖，除了加淋饭，通常在缸中或大罐中加入一定量的老酒汗，即回收酒精，直接提高了醪液的酒精度，可抑制杂菌的繁殖，在较高的酒精度的环境下，酵母会缓慢生长，但杂菌的生长则明显受到抑制。如果措施得当，一般到压榨前酸度会有一些偏高，但不会差得很多。

（3）如果再晚一些发现，酒醪的酸味已较明显，此时加酒母已根本没用了，那也没必要让一罐好好的酒母倒入酸败罐中，从而变成酸酒，此时我们通常的做法是尽可能降低发酵醪的温度，因为在低温环境下，杂菌的繁殖速度会大大降低，虽然酵母的发酵也会减慢，但酸度的控制是首要的。

（4）酸败酒醪的搭配　采取种种措施后的发酵醪到压榨以前，要看当时的理化指标进行合理的搭配，一般略微的酸度偏高我们会直接采用酸碱中和的方法，而如果酸败较严重时是不可能直接采用中和法的，因为一是成品理化指标会超标；二是酸败酒的感官指标较差，如果直接中和即使指标符合，口感也较差，从而影响酒的品质。我们会采用稀释的方法进行勾兑搭配，例如取正常酒90%＋异常酒10%混合后再采用中和法，具体搭配的比例要根据具体情况灵活调节，这样一般不会影响口感指标。

第五章 黄酒微生物菌种管理

第一节　菌种选育

任何生命都是一个“经济体”，在进化过程中形成了越来越完善的代谢调节机制，如产物的反馈抑制，不会造成某种代谢产物的过度积累。为了使微生物合成的代谢途径朝人们所希望的方向进行，提高发酵单位，改进产品质量，去除多余的代谢产物和合成新品种，就需要进行优良生产菌种的选育，为发酵工业提供各种类型的菌株。

一、发酵工业对菌种的要求

人类利用微生物的代谢产物作为食品已有数千年的历史，例如黄酒酿造，已有千年历史，只不过古代的酿造技术只是天然发酵技术，到了 19 世纪末人们才建立起纯培养技术。在 20 世纪 40 年代，人类对青霉素的大量需求促进了青霉素发酵生产的研究，从而推动了深层培养技术的建立，建立了发酵工程。

发酵工程使用的微生物菌种是多种多样的，但不是所有的微生物都可作为菌种，即使同属于一个种的不同株的微生物，其生产能力也不同。因此，无论是野生菌株，还是突变菌株或基因工程菌株，都必须经过精心选育，达到生产菌种的要求才可用于发酵工业。

一般来说，优良的生产菌种应该具备以下基本特性：

（1）菌种在有限的发酵过程中生长繁殖快和代谢能力强。生长迅速可提高发酵设备的周转率；代谢能力强包括高产能力和高转化能力，高产能力有利于提高生产能力，高转化能力有利于降低底物的消耗。

（2）菌种遗传特性稳定，不易变异退化，且菌种所要求的工艺控制比较粗放，易于控制，有利于发酵生产运行和产品质量的稳定。

（3）发酵过程中产生的副产物少，不但有利于提高底物的有效转化率，而且目的产物分离容易，有利于降低提取成本和提高产品质量。

（4）抗噬菌体感染的能力强。

（5）菌种不是病原菌，对人、动物、植物和环境都不具有潜在的危害性。

（6）菌种具备利用广泛来源原料的能力，并对发酵原料成分波动的敏感性尽可能小。

具备以上条件的菌株，才能应用于发酵工业生产，保证发酵产品的产量和质量，而这些要求也是菌种选育工作需要解决的问题。

二、菌种选育的方法

目前，菌种选育中采用的技术包括自然选育、诱变选育、杂交育种、原生质体融合技术、基因工程技术等。其中，自然选育和诱变选育是经典的育种方法，带有一定的盲目性；而杂交育种、原生质体融合技术和基因工程技术则是较为定向的育种方法。

1. 自然选育

不经过人工处理，而是根据微生物的自然突变进行筛选菌种的过程，称为自然选育。引起自然突变的原因一般有多种因素，自然环境中存在着低剂量的宇宙射线、各种短波辐射、环境中的诱变物质和微生物自身代谢产生的诱变物质等的作用下而引起的突变，而且 DNA 复制时发生碱基错误配对概率为 $10^{-9} \sim 10^{-8}$，也会引起自然突变。

自然突变的结果有两种情况：一种为负突变，表现为菌种衰退和生产能力降低；另一种为正突变，对生产有利。因此，为了从自然界或从已使用了一定时期的菌种中选育出优良生产菌株，需进行菌株的分离。

自然分离是一种简单易行的选育方法，它可以达到纯化菌种、防止菌种衰退、稳定生产、提高产量的目的。如果从自然界分离新菌种，一般要经过采样、增殖培养、纯种分离和性能测定等几个步骤，经反复筛选，以确定生产能力更高的菌株作为生产菌株。

2. 诱变育种

利用各种诱变剂处理微生物细胞，提高基因的随机突变频率，扩大变异幅度，通过一定的筛选方法，获取所需要优良菌株的过程，称为诱变育种。

（1）诱变育种的流程　首先，以合适的诱变剂处理大量而均匀分散的微生物细胞悬浮液，在引起绝大多数细胞致死的同时，使存活个体中 DNA 结构变异频率大幅度提高；其次，用适宜的方法淘汰负效应变异株，选出极少数性能优良的正变异株，以达到培育优良菌株的目的。

（2）诱变剂　诱变处理主要采用物理诱变剂和化学诱变剂。常用的诱变剂主要有紫外线（UV）、γ 射线、硫酸二乙酯、亚硝基胍（NTG）、亚硝基甲基脲（NMU）等。亚硝基胍和亚硝基甲基脲具有突出的诱变效果，被誉为“超诱变剂”，一般使用量不超过百分之几。

（3）回复突变　诱变剂进入细胞，与 DNA 作用引起突变，但不一定都能形成突变体。由于微生物具有一套自我修复系统，不同菌株修复能力有差异，修复能力弱的菌株将已形成的突变进行复制而遗传下去，在表型上就成为突变体。而对于修复能力强的菌株，由于自身修复而回复到原养型状态，即回复突变，或新的负变。

在诱变育种实践中，为了获得更好的效果，常常采取诱变剂进行复合处理，可以是两种或多种诱变剂的先后使用，或是同一种诱变剂的重复使用，或是两种或多种诱变剂的同时使用。

3. 杂交育种与原生质体融合育种

杂交育种是指将两个不同性状个体内的遗传基因通过接合、转化、转导等转移到一起，经过遗传分子间的重新组合，形成新遗传型个体的方式，又称基因重组或遗传重组。通过不同遗传性状菌株的杂交，可改变亲株的遗传物质基础，扩大变异范围，使两个亲株的优良性状集中于重组体内，获得新品种；同时，也可克服因长期诱变造成的生活力下降、代谢缓慢等缺陷，提高菌株对诱变剂的敏感性。

微生物杂交的本质是基因重组，但是不同类群微生物基因重组的过程不完全相同。微生物的杂交育种与动、植物不同，除藻状菌纲、子囊菌纲具有明显的有性生殖方式，可产生配子并进行结合外，大部分发酵工业中具有重要经济价值的微生物是以准性生殖方式杂交重组。原核微生物杂交仅转移部分基因，然后形成部分结合子，最终实现染色体交换和基因重组。丝状真核微生物通过接合、染色体交换，然后分离形成重组体。

原生质体融合是两个亲本的细胞壁酶解，使之形成原生质体，然后在高渗条件下，并加以物理、化学或生物的助融条件，使两个亲本的原生质体相互凝集和发生融合的过程。通过细胞核融合，基因组由接触到交换，从而实现遗传重组，在适宜条件下再生出细胞壁，可获得重组子。

与常规杂交相比，原生质体融合具有多方面的优势：

（1）去除了细胞壁的障碍，大幅度提高亲本之间的重组频率。

（2）扩大重组的亲本范围，实现常规杂交无法做到的种间、属间、门间等远缘杂交。

（3）原生质体融合时亲本整套染色体参与交换，遗传物质转移和重组性状较多，集中双亲本优良性状的机会更大。

4. 基因工程育种

基因工程是指将外源 DNA 通过体外重组后，导入受体细胞，使其在受体细胞中复制、转录、翻译表达的技术，又称为 DNA 体外重组技术。基因工程的关键是 DNA 的特异切割、DNA 的分子克隆和 DNA 的快速测序。

生物的遗传性状是由基因（即一段 DNA 分子序列）所编码的遗传信息决定的。基因工程操作首先要获得基因，才能在体外用酶进行“剪切”和“拼接”，然后插入由病毒、质粒或染色体 DNA 片段构建成的载体，并将重组体 DNA 转入微生物或动、植物细胞，使其复制（无性繁殖），由此获得基因克隆。基因还可通过 DNA 聚合酶链式反应（PCR）在体外进行扩增，借助合成的寡核苷酸在体外对基因进行定位诱变和改造。克隆的基因需要进行鉴定或测序。控制适当的条件，使转入的基因在细胞内得到表达，即能产生人们所需要的产品，或使生物体获得新的性状。微生物基因工程育种仅指以微生物本身为出发菌株，利用基因工程方法进行改造而获得的工程菌。目前世界上以基因工程方法创造的各种工程菌不计其数。

微生物基因工程育种的主要程序有：①目的基因（供体基因或外源基因）

的获得；②载体DNA分子的选择；③目的基因与载体重组体的体外构建；④重组载体引入宿主细胞；⑤基因工程菌的筛选。在理想情况下，重组体进入受体细胞后，能通过自主复制而得到大量扩增，从而使受体细胞表达出供体基因所提供的部分遗传性状，受体细胞就成了“工程菌”。对发酵工业有重要意义的是基因的表达产量、表达产物的稳定性、产物的活性和产物的分离纯化。因此必须选择最佳的基因表达系统。

三、筛选

微生物的筛选是繁琐的工作。因为微生物的基数庞大，群体中会出现各种突变个体，但其中绝大部分是负突变株，要在大量的微生物中筛选出目的菌株是极为困难的。因此需要采取一定的方式方法，在减少工作量的同时，取得较大的成效。

1. 筛选策略

微生物完善的调节机制决定它们自身仅需要少量的代谢物，它们是十分“经济”的。要想使微生物产生大量的代谢产物，可以通过选育突变株来实现。

(1) 营养缺陷性突变株　属于营养缺陷的菌株，在其生物合成途径中某一步由于酶缺陷，合成反应不能完成。通过外加限量的所需要求的营养物质，既可以克服生长的障碍，而又使最终产物不至于积累到引起反馈调节的浓度，从而有利于中间产物或某种最终产物的积累。

在分支代谢途径中，利用营养缺陷型突变株，通过解除协同反馈调节，可以有效地使另一分支途径中的终产物积累。

(2) 抗阻遏和抗反馈突变株　抗阻遏和抗反馈突变型都是由于代谢失调所造成的，在细胞中已经有大量最终代谢产物时仍然继续不断地合成这一产物。

(3) 抗性突变株　筛选各种抗性突变株也是生产上常用来提高某些代谢产物的重要途径。因环境不同，能表现为“野生型”菌株的特性和突变型菌株特性的突变称为条件抗性突变或条件致死突变。如温度敏感菌株，诱变后对高温敏感（提高温度可致死），但是能够不受产物反馈抑制。

2. 筛选方法

筛选过程分为初筛与复筛两个阶段。

(1) 初筛　以量（选留菌株的数量）为主。可在培养皿平板上进行，其优点是快速简便，工作量小，结果直观性强（例如可采用上述的变色圈、透明圈、抑制圈、生长圈或沉淀圈等方法测定某代谢产物的量）；缺点则是由于培养皿平板上的种种条件与摇瓶培养，尤其与发酵罐中进行液体深层培养时的条件有很大差别，所以有时两者结果很不一致。

(2) 复筛　以质（测定数据的精确度）为主。一般是将微生物接种在三角瓶内的培养液中做振荡培养，然后再对培养液进行分析测定。在摇瓶培养条件下，微生物在培养液内均匀分布，既能获得丰富的营养物质，又能获得充足的氧气，还能充分排出代谢废物，因此与发酵罐内的条件比较接近，所以测得的数据更具有实际意义。

连续进行多轮，直至获得良好的结果为止。采用这种筛选方案，不仅可以通过较少的工作量而得到较好的菌株，而且还可使某些产量虽不高但有发展前途的优良菌株不致落选。

第二节　黄酒微生物的衰退和分离复壮

工业微生物发酵所用的菌种，几乎都是由低产的野生菌株经过人工诱变、杂交或基因工程育种等手段而获得的，其获得需很长时间的艰苦工作。然而，微生物菌种在传代繁殖过程中由于不断受环境条件的影响，会出现退化现象。要想获得持续优良的性状，就必须有合适的保藏方法，而且在菌种出现退化趋势时，必须及时地进行复壮。

一、菌种衰退

1. 菌种衰退

生产菌株生产性状的劣化或遗传研究菌株遗传标记的丢失均称为菌种退化。在生物进化的过程中，遗传性的变异是绝对的，而它的稳定性反而是相对的；退化性的变异是大量的，而进化性的变异却是个别的。

当发生自发突变的单个退化细胞与其他细胞一起接入新鲜培养基中，在某些培养条件下，发生自发突变的退化细胞数量可能逐渐增多，经过多次传代会成为优势菌种从而导致细胞群体的退化，因此菌种的退化是一个逐渐发展，由量变到质变的过程。

由于杂菌污染或培养条件改变导致的生产性状下降不是退化，可以通过清洗、灭菌、无菌操作等方式，避免杂菌的继续污染，只有菌株本身性状的劣化才是真正的退化。

2. 菌种衰退的原因

菌种的退化是由于微生物种群构成或细胞内的 DNA 结构发生了变化，从而使生产性状发生改变，原因大致可以分为外因和内因两个方面，即环境影响和自身变化。

（1）环境条件引起菌种的退化　菌种连续传代是菌种发生衰退的直接原因。由于连续传代使菌种经常处于旺盛的生长状态，且每次传代时营养和环境等培养条件都是在不断地变化，与处于休眠状态的菌种相比，细胞的自发突变率要高得多。因此，菌株经过连续传代后，含突变基因的个体在数量上逐渐占优势，退化现象就逐渐显露出来。

（2）自身变化引起菌种的退化　菌种的自发突变和回复突变是引起菌种自身衰退的主要原因。

微生物细胞在每一世代中的突变概率一般为$10^{-9} \sim 10^{-8}$，保藏在0～4℃时这一突变概率更小，但仍然不能排除菌种衰退的可能。菌种的回复突变是指突变菌株因遗传组成的自身修复，使原有的遗传障碍解除，代谢途径发生变化，从而恢复原有的特性，表现出原育种过程中已获得的优良性状的退化。

此外，如果菌落不是由一个孢子或一个细胞形成，当其中只有一个高产突变的孢子或细胞，通过移植后，高产菌株数量就比较少，表现出菌种衰退。对于单核细胞的菌株，菌体内的DNA双链中仅有一条链发生位点突变，并复制成变异菌的DNA链，而未发生变化的一条链，复制成原菌的DNA链，结果形成不纯的菌落，经移植后表现出菌种的衰退现象。

二、菌种衰退的预防

菌种是发酵企业最核心的技术，一旦菌种发生衰退，将影响正常的生产，需要耗费大量的人力物力进行复壮。因此，预防衰退具有重要意义。要防止菌种衰退，应该做好保藏工作，使菌种优良的特性得以保存，尽量减少传代次数。

1. 菌种保藏前的状态

一般说来，采用休眠体保藏的菌种，较不容易发生变异。

2. 合理的传代

减少传代次数可防止由于菌种的遗传稳定性变化而引起的自发突变，以及由于环境条件变化导致的退化。菌种允许使用的传代次数必须通过传代的稳定性试验确定。发酵生产上一般只用三代内的菌种。采用合适的传代条件使培养条件有利于高产菌的生长，而不利于低产菌的生长，减少突变的发生。

3. 用优良的保藏方法

尽可能采用诸如斜面冰箱保藏法、砂土管保藏法、真空冷冻干燥保藏法以及干孢子保藏等优越的保藏方法保藏菌种，以防止菌种的衰退。

4. 定期纯化菌种

对菌种进行定期的分离纯化，可减少其中共存的自发突变菌或“突变不完全”产生的退化型菌株的增殖机会，保持原来的优良特性。

三、复壮

如果菌种已经发生退化，产量下降，或其他参数异常，则要进行分离复壮。

1. 菌种的复壮

菌种的复壮有狭义的复壮和广义的复壮。狭义的复壮指的是菌种已经发生衰退后，再通过纯种分离和性能测定等方法，从衰退的群体中找出尚未衰退的少数个体，以达到恢复该菌种原有典型性状的一种措施。

广义的复壮，是一种积极的措施。在菌种的生产性能尚未衰退前就经常有意识地进行纯种分离和生产性能的测定工作，使菌种的生产性能逐步提高，所以，这实际上是一种利用自发突变（正突变）从生产中不断进行选种的工作。

狭义的复壮 = 矮子里面挑将军，广义的复壮 = 高个里面挑姚明。

2. 复壮的方法

（1）纯种分离　通过纯种分离，可把退化菌种中的一部分仍保持原有典型性状的单细胞分离出来，经过扩大培养，就可恢复原菌株的典型性。常用的菌种纯化方法很多，大体上可把它们归纳成两类：一类较粗放，只能达到“菌落纯”的水平，即从种的水平上来说是纯的，例如在琼脂平板上进行划线、表面涂布或与琼脂培养基混匀以获得单菌落等方法；另一类是较精细的单细胞或单孢子分离方法，它可以达到“细胞纯”即菌株纯的水平。后一类方法应用较广，种类很多，既有简单的利用培养皿或凹玻片等作分离室，也有利用复杂的显微操纵器的菌株分离方法。如果遇到不长孢子的丝状菌，则可用无菌小刀取菌落边缘的菌丝尖端进行分离移植，也可用无菌毛细管插入菌丝尖端以截取单细胞而进行纯种分离。

（2）通过寄主体进行复壮　对于寄生性微生物的衰退菌株，可通过接种到相应昆虫或动物寄主体内以提高菌株毒性。如经过长期人工培养的杀螟杆菌，会发生毒力减退、杀虫率降低等现象，这时可将衰退的菌株去感染菜青虫的幼虫，然后再从病死的虫体内重新分离菌株。如此反复多次，就可提高菌株的杀虫率。

菌种发生衰退时，并不是所有菌种都衰退，其中未衰退的个体可能经过环境的考验，具有更强的生命力。黄酒发酵酸败时，也可从发酵液中，找到能够抵御一些特殊环境的突变株。

（3）淘汰已衰退的个体　在酵母的筛选过程中，可通过在培养基中添加不同浓度的酒精，筛选耐酒精的酵母；可通过增加培养基中糖浓度，筛选耐糖的酵母。

在使用这类复壮方法之前，还要仔细分析和判断菌种究竟是衰退、污染还是仅属一般性的表型改变，只有对症下药，复壮才能奏效。

第三节　微生物的保藏

一个优良的菌种被选育出来以后，想要保持其生产性能的稳定、不污染杂菌、不死亡，这就必须对菌株进行良好保藏。

一、保藏原理

菌种保藏主要是根据菌种的生理、生化特性，人工创造条件使菌体的代谢活动处于休眠状态。保藏时，一般利用菌种的休眠体（孢子、芽孢等），创造最有利于休眠状态的环境条件，如低温、干燥、隔绝空气或氧气、缺乏营养物质等，使菌体的代谢活性处于最低状态，同时也应考虑到方法经济、简便。由于微生物种类繁多，代谢特点各异，对各种外界环境因素的适应能力不一致，一个菌种选用何种方法保藏较好，要根据具体情况而定。

二、保藏方法

1. 斜面低温保藏

图 5-1　斜面保藏菌种

本方法是利用低温降低菌种的新陈代谢，使菌种的特性在短时期内保持不变。将新鲜斜面上长好的菌体或孢子，置于 4℃ 冰箱中保存（图 5-1）。一般的菌种均可用此方法保存 1～3 个月。保存期间要注意冰箱的温度，不可波动太大，不能在 0℃ 以下保存，否则培养基会结冰脱水，造成菌种性能衰退或死亡。

影响斜面保存时间的突出问题是培养基水分蒸发而收缩，使培养基成分浓度增大，造成“盐害”，更主要的是培养基表面收缩造成板结，对菌种造成机械损伤而使菌种致死。为了克服斜面培养基水分的蒸发，用橡皮塞代替棉塞，有比较好的效果，也可克服棉塞受潮而长霉污染的缺点。

2. 液体石蜡封存保藏法

在斜面菌种上加入灭菌后的液体石蜡，用量高出斜面 1cm，使菌种与空气隔绝，试管直立，置于 4℃ 冰箱保存。保存期约 1 年。此法适用于不能以石蜡为碳源的菌种。液体石蜡采用蒸汽灭菌。

3. 固体曲保藏法

这是我国传统制曲保藏菌种的一种方法，适用于产孢子的真菌，如酒药（图 5-2）、麦曲等。该法采用麸皮、大米、小米或麦粒等天然农产品为产孢子培养基，使菌种产生大量的休眠体（孢子）后加以保存。该法的要点是控制适当的水分。例如在采用大米保藏孢子时，先取

图 5-2　酒药

大米充分吸水膨胀，然后倒入搪瓷盘内蒸 15min（使大米粒仍保持分散状态）。蒸毕，取出搓散团块，稍冷，分装于茄形瓶内，蒸汽灭菌 30min，最后抽查含水量，合格后备用。将要保存的菌种制成孢子悬浮液，取适量加入已灭菌的大米培养基中，敲散拌匀，铺成斜面状，在一定温度下培养，在培养过程中要注意翻动，待孢子成熟后，取出置冰箱中保存，或水分含量在 10% 以下，放在盛有干燥剂的密封容器中低温或室温保存。保存期为 1～3 年。

4. 砂土管保藏法

本方法是用人工方法模拟自然环境使菌种得以栖息。适用于产孢子的放线菌、霉菌以及产芽孢的细菌。砂土是砂和土的混合物，砂和土的比例一般为 3∶2 或 1∶1，将黄砂和泥土分别洗净，过筛，按比例混合后，装入小试管内，装料高度约为 1cm，经间歇灭菌 2～3 次，灭菌烘干，并做无菌检查后备用。将要保存的斜面菌种刮下，直接与砂土混合；或用无菌水洗下孢子，制成悬浮液，再与砂土混合。混合后的砂土管放在盛有五氧化二磷或无水氯化钙的干燥器中，用真空泵抽气干燥后，放在干燥低温环境下保存。此法保存期可达 1 年以上。

5. 冷冻干燥法

此法的原理是在低温下迅速地将细胞冻结以保持细胞结构的完整，然后在真空下使水分升华。这样菌种的生长和代谢活动处于极低水平，不易发生变异或死亡，因而能长期保存，一般为 5～10 年。此法适用于各种微生物。具体的做法是将菌种制成悬浮液，与保护剂（一般为脱脂牛奶或血清等）混合，放在安瓿内，用低温酒精或干冰（－15℃以下）使之速冻，在低温下用真空泵抽干，最后将安瓿真空熔封，低温保存备用。

6. 液氮超低温保藏法

前面几种菌种保藏方法，在保存过程中菌种都有不同程度的死亡，特别对一些不产孢子的菌体保存的效果不够理想。微生物在－130℃以下，新陈代谢活动停止，这种环境下可永久性保存微生物菌种。液氮的温度可达－196℃，用液氮保存微生物菌种已获得满意的结果。液氮超低温保藏法简便易行，关键是要有液氮罐、低温冰箱等设备。

该方法要点是：将要保存的菌种（菌液或长有菌体的琼脂块）置于 10% 甘油或二甲基亚砜保护剂中，密封于安瓿内（安瓿的玻璃要能承受很大温差而不致破裂），先将菌液降至 0℃，再以每分钟降低 1℃的速度，一直降至－35℃，然后将安瓿放入液氮罐中保存。

思考题

一、名词解释

1. 菌种的衰退

2. 狭义复壮

3. 广义复壮

二、填空题

1. 根据微生物的__________进行筛选菌种的过程，称为自然选育。

2. 亚硝基胍和亚硝基甲基脲具有突出的诱变效果，被誉为__________。

3. __________是菌种发生衰退的直接原因。

4. 保藏菌种时一般利用菌种的__________，同时创造有利于休眠状态的环境进行保藏。

三、简答题

1. 生产菌种应具备的特性是什么？

2. 菌种复壮的方法有哪些？

3. 菌种保藏原理是什么？

4. 请举例三种菌种保藏方法并简述。

实训八　黄酒酵母菌种保藏（酒药法和纯种酵母保藏）

一、目的要求

了解酵母菌的保藏原理，掌握酒曲中酵母菌的保藏方法。

二、实训原理

酵母菌是一类重要的微生物资源，是黄酒酿造中的重要菌种，也广泛应用于各种酱油、制醋、单细胞蛋白、焙烤、石油脱蜡、甘油、维生素、酶制剂、生物制药和基因工程等领域。

利用休眠体在人工休眠环境下，保持其原有性状基本稳定，避免死亡和污染，以确保酵母菌菌种的长期安全保藏。传统的酒药法利用根霉和酵母在米粉上生长得到的休眠体，在通风干燥处保藏，可保藏 1 ~ 3 年。纯种酵母在斜面上培养后，在冰箱中低温保藏，可保藏 1 年。

三、实训器材

1. 材料

籼米粉、辣蓼草、陈酒药、麦芽汁。

2. 器具

灭菌锅、酒精灯、酒精棉、镊子、打火机、超净台、试管。

四、实训步骤

1. 传统酒药法保藏（固体曲法）

（1）配方　糙米粉∶辣蓼草粉末∶水 = 20∶(0.4～0.6)∶(10.5～11)。

（2）拌水混匀　将称好的米粉及辣蓼草粉充分拌匀，加水后再充分拌和，然后用木杵捣拌约数十下至上百下，以增强米的韧性。捣拌后，取出在谷筛上搓碎，移入打药木框内进行打药。

（3）打药　每臼料（20kg）分三次打药（每次约6.67kg）。木框长70～90cm，宽50～60cm，高10cm，上覆盖软席用铁板压平，去框，再用刀沿木条（俗称划尺）纵横切开成方形颗粒，分三次倒入悬空的大竹匾内，将方形滚成圆形，然后加入3%的优质陈酒药粉（娘药），再进行回转打滚，过筛使药粉均匀地粘附在新药上。

（4）摆药培养　培养采用缸窝法，即先在缸内放入新鲜谷壳，距离缸口沿边的0.3m左右，铺上新鲜稻草芯，将药粒分行留出一定间距，摆上一层，然后加上草盖，覆上麻袋，进行保温培养，气温在30～32℃时，经14～16h品温升到36～37℃时，可以去掉麻袋。再经6～8h，手摸缸沿有汽水，并放出香气，可将缸盖揭开，观察此时药粒是否全部而均匀地长满白色菌丝。如还能看到辣蓼粉的浅草绿色，则说明药坯还嫩，不能将缸盖全部打开，应逐步移开，使菌丝继续繁殖生长。用移开缸盖大小的方法来调节培养的品温，以促进根霉生长，直至药粒菌丝用手摸不粘手，像白毛小球一样，方将缸盖揭开以降低温度，再经3h可出窝，凉至室温，经4～5h，使药坯结实可以入蒸房。

（5）出窝并匾　将酒药移至匾内，每匾盛药3～4缸的数量，不要太厚，防止升温过高而影响质量。主要应做到药粒不重叠而粒粒分散。

（6）进保温室　将竹匾移入不密闭的保温室内，室内有木架，每架分挡，挡距为30cm左右，并匾后移在木架上。气温在30～34℃，品温保持在32～34℃，不得超过35℃。装匾后经4～5h第一次翻匾（翻匾是将坯药倒入空匾内），至12h，上下调换位置。经7h左右第二次翻匾和调换位置。再经7h后倒入竹簟上先摊两天，然后装入竹箩内，挖成凹形，并将箩搁高通风，以防升温，早晚倒箩各一次，2～3d后移出蒸房（保温室），随即移至空气流通的地方，再放置1～3d，每早晚各倒箩一次。自投料开始培养6～7d即可晒药。

（7）晒药入库　正常天气在竹簟上须晒3d，第一天晒药时间为上午6～9点，品温不超36℃，第二天上午为6～10点，品温为37～38℃，第三天晒药的时间和品温与第一天一样。确认酒药已晒干，手中掂量已很轻了，然后趁热装坛或装缸密封备用，坛、缸要先洗净晒干，坛外要粉刷石灰灭菌。测水分含量应低于11%。

2. 纯种酵母保藏（斜面定期移植法）

（1）斜面培养基制备　称取麦芽汁粉145.1g，加入蒸馏水1000mL，搅拌加热煮沸至完全溶解，补足水分。趁热分装试管，约试管高度的1/5，加棉塞，外面包扎一层牛皮纸，注明培养基的名称和时间，115℃高压灭菌15min后冷却摆斜面，斜面长度不超过试管管长的二分之一。

（2）无菌检查 将斜面放入培养箱中，30℃培养1～3d。无菌落长出后将斜面保存于4℃。空白斜面应尽快使用。

（3）接种

①打开超净台或无菌间的紫外灯灭菌20～30min。

②关闭紫外灯，用75%酒精擦拭操作台面进行消毒。

③点燃酒精灯，用75%酒精擦手进行消毒。

④一只手夹住原菌种平板或试管及待转接斜面试管（斜面朝上），另一只手将棉塞从试管口拔出，操作应在火焰无菌区域进行。

⑤在火焰上将接种针的金属丝部分烧红灭菌，然后将要伸入试管部分的针柄也反复通过火焰灭菌。

⑥将接种针水平通过火焰并插入原菌试管或平皿内，先在管壁上或未长菌体的培养基表面冷却，然后再用接种针轻轻沾取少量菌体，将接种针自原菌种试管或平皿内抽出，抽出时勿碰管壁，也勿通过火焰。

⑦在火焰旁将沾有菌体的接种针迅速伸入待接空白斜面试管内，自斜面底部向上划一直线，使菌体沾附在斜面培养基上。划线时尽量不要划破培养基表面。

⑧接完种后将接种针由试管内抽出，同时将试管口在火焰上灼烧一下，塞上棉塞。注意不要用试管口去迎棉塞，以免试管口在移动时造成污染。

⑨接种针在放回原处前应在火焰上彻底灭菌。放下接种针后，再用右手将棉塞进一步塞牢，避免脱落。最后将已接种好的斜面试管放在试管架上。

⑩接种完毕及时在试管上标明菌株编号和日期，也可在接种之前标明。

（4）培养 将接完种的斜面放入培养箱中，28～30℃条件下培养3d。

（5）保藏

①培养好的斜面于4～6℃保存，根据不同要求每3～6个月移植一次。

②保藏湿度用相对湿度表示，通常为50%～70%。

③微生物菌种保藏期间，要定期检查菌种存放设施的温度和湿度、菌株有无污染、棉塞有无霉变，如发现异常应重新移植培养后更换。

④每株菌种应保藏相继的三代培养物，以便对照，也可减少因意外和污染造成的损失。

五、实训结果

1. 记录传统酒药在培养时的特征。
2. 记录纯种酵母在培养时的菌落特征。

六、思考题

1. 在传统法中，拌入娘药粉起到什么作用，有什么意义？

2. 为什么传统法能保藏1~3年?

3. 斜面无菌检查的意义是什么?

4. 纯种法中保藏相继的三代培养物的作用是什么?

5. 比较传统酒药法与纯种保藏的优缺点。

实训九　纯种曲霉保藏

一、目的要求

了解霉菌的保藏原理，掌握酒曲中霉菌的保藏方法。

二、实训原理

霉菌是一类重要的微生物资源，是酒曲中的主要菌种，酿造中主要将淀粉分解为糖供酵母利用。利用纯种休眠体在人工休眠环境下，保持其原有性状基本稳定，进行长期安全保藏。或采用米粉、麸皮等材料，固体培养后保藏。

三、实训器材

籼米粉、麸皮。

四、实训步骤

1. 麸皮法保藏（麸曲）

（1）液体菌种

①配制培养基：煮沸1000mL水，称取麦芽粉141.5g，溶解至完全，补足水分，分装至100/500mL三角瓶中。

②接种：取试管菌种少许，在无菌状态下加入液体培养基中。

③培养：30℃，160r/min培养至出现少量菌丝。

（2）固体菌种

①配料：选粗麸皮用直径为2mm的丝网进行筛选，除去细碎的麸皮和面粉，否则将导致麸皮在拌水或杀菌时出现结块现象，从而影响透气性。将水与麸皮进行混合，并搅拌均匀。一般麸皮与水的比例在1∶0.6~1∶0.7。

②装瓶：称取50g拌好水的麸皮，装入1000mL三角烧瓶中，塞上棉塞，外包防潮纸。

③灭菌：高压蒸汽灭菌，压力为0.1MPa、灭菌20~30min。灭菌完毕趁热摇散三角瓶中的团块。

④接种培养：冷却至35℃左右。用接种匙将少量液体菌种接入三角烧瓶中，并充分摇动，使菌种均匀分布。将三角烧瓶置于32℃培养，16~19h后可以观

察到麸皮上有白色的菌丝出现。

⑤扣瓶：根据菌丝的生长情况，再过6～9h后进行扣瓶。扣瓶时，用力要迅速、均匀，使培养基成饼状而不散开，悬于三角烧瓶中间，与瓶底脱离，目的是增加培养基与空气的接触，利于菌体的全面生长繁殖。再经42～45h培养即可出曲。

⑥出曲：将三角烧瓶中的种曲打碎，用牛皮纸袋包好，即用。如果要长期保藏，可在37℃左右抽湿，低温保藏。

2. 纯种保藏（斜面保藏法）

参照酵母的纯种保藏。

五、实训结果

1. 记录曲霉在摇瓶时的特征。
2. 记录曲霉在麸皮上培养时的特征。

六、思考题

1. 在摇瓶时，怎么判断菌种已经可以接入麸皮？过迟接入麸皮会有什么影响？
2. 粗麸皮培养曲霉好还是细麸皮好，为什么？
3. 麸皮培养基上的霉菌颜色发生什么变化，为什么？
4. 麸皮菌种为什么要抽湿才有利于保藏？

拓展阅读

基因工程

虽然科技迅速发展，人类社会日新月异，但人类仍然面临着人口膨胀、粮食短缺、环境污染、疾病猖獗、能源匮乏等一系列问题，人类迫切希望能够找到解决方案。因此，开始探索生命与自然的奥秘，期望能够通过改造或改良基因来解决这些问题。

1972年美国的Berg和Jackson等人将猿猴病毒基因组SV40 DNA、λ噬菌体基因以及大肠杆菌半乳糖操纵子在体外重组成功。次年，斯坦福的Cohen和Boyer等人在体外构建出含有四环素和链霉素两个抗性基因的重组质粒分子，将之导入大肠杆菌并稳定遗传，赋予受体抗生素抗性，从此宣告基因工程的诞生。

在轻工业中，与传统的诱变育种技术相比，基因工程在食品工业化生产中显示强大的威力，高效表达分泌淀粉酶、纤维素酶、脂肪酶、蛋白酶等酶制剂的重组微生物已经应用在生产上。

在能源行业上，不久的将来可能出现利用DNA重组技术构建的新型微生物提高石油的二次开采率和利用率，分解纤维素为葡萄糖，这些技术有望解决能源危机。

在环保行业上，一些能快速分解吸收工业有害废料、转化工业有害气体和净化工业废水的基因工程微生物种群已经从实验室走向工业化应用，重新构建新的健康的生态平衡。

这些技术都是通过基因工程育种技术得到的新型微生物。基因工程育种技术，大致包括4个基本步骤：

（1）获取目的基因　目的基因，即有生产意义的基因，可通过供体细胞分离，由mRNA反转录合成cDNA、化学合成等方式获得。

（2）选择载体　通过载体，把目的基因运载到受体细胞中进行增殖和表达。载体一般能够自我复制，在受体细胞中能大量增殖，整合到受体的固定位置，同时还具备选择性标记，以便检出。

（3）目的基因与载体的体外重组　人为地在DNA的3′-末端加上polyA或polyT，使重组的两个DNA分子产生互补的黏性末端，重新形成双链。

（4）重组载体引入受体细胞　目前应用最广泛的受体细胞是大肠杆菌，其次是枯草芽孢杆菌和酿酒酵母。载体进入受体后，通过自主复制使受体细胞表达出目的基因的性状，该微生物也就成了“工程菌”。

但基因工程的利与弊，科学界仍争论不休。从理论上来说，人类能够创造出任何基因的物种，但未知基因的物种，有可能使人类遭受灭顶之灾。1975年开始，欧洲几国限制基因工程的实验规模。

众多科学家对基因工程技术规模化地应用在食品行业表示担忧，至今仍有少数国家坚持严格限制基因重组技术的使用范围。

第六章

黄酒微生物的检测

第一节 镜 检

因为微生物是肉眼看不见的，所以我们常看不见外界环境和所有与外界接触的身体各部位均有微生物的存在。实际上它们广泛分布于室内外的空气、酿造用水、仪器设备、衣服以及身体的皮肤等处，因此，可以说微生物是无缝不钻，无孔不入的。建立起“微生物无处不在”这一概念是特别重要的，因为这样才能体会到无菌技术和环境卫生的必要性，才能防止外界杂菌对黄酒的污染，才能防止由于杂菌滋生导致的黄酒酸败。

从周围环境和工具各处取样，发现其滋生出来的微生物，虽然大多数属普通菌群，且数量也没有明显的异常，但当进入黄酒发酵罐（容器）内，一方面是因为微生物通过培养，微生物的量增加；另一方面，有些微生物在某一阶段是生产菌种，但当条件改变时可能成为杂菌也可能致病，即条件致病菌。因此必须严格遵循“杂菌不带入，活菌不带走”的原则，实行无菌操作。特别是用过的设备和工作完毕的培养物等均要灭菌后清洗，接种环不仅在用前必须灼烧灭菌，而且用后也应立即灼烧；输料泵在打料之后，必须清洁干净；制曲车间在生产曲之前后均需要消毒灭菌；黄酒生产的场地，在生产前后及生产过程中也应适当地消毒灭菌。这是整个生产和研究过程中均需注意的。

由于微生物是肉眼看不见的，一旦条件适合将以几何倍增的方式生长，给科研和生产带来灾难性的后果，所以及时准确地了解微生物的种群和状态对科研和生产具有重要的意义。由于微生物的形体微小，所以我们一般要借助显微镜来完成对微生物的观察。

一、细菌镜检

1. 直接观察计数法

对于细菌的镜检，可以直接通过涂片的方式观察。通过涂抹使细胞个体在载玻片上均匀分布，避免菌体堆积而无法观察个体形态，通过加热固定使细胞质凝固，使细胞固定在载玻片上，但是应注意不破坏细胞形态。

检测黄酒的速酿酒母和高温糖化酒母中的杂菌数时，就是通过该法检测。一个视野中杂菌数不超过 1 个。如果视野中出现很多不同的细菌，则往往说明该酒母已被污染，一般其总酸也可能是超标的。但是由于显微镜从取样到涂片，都存在随机性，直接计数不够精确，一般只有参考价值，仍需辅助检测总酸。

2. 染色观察法

虽然各种类型的显微镜能够观察到微生物的各种形态结构，但一般实验室常用的是普通光学显微镜。由于细菌体积小且透明，在活体细胞内又含有大量的水分，因此，对光线的吸收和反射与水溶液相差不大。当把细菌悬浮在水滴内，放在显微镜下观察时，由于与周围背景没有显著的明暗差，难以看清它们的形状，更谈不上识别其细微结构。只有经过染色，才可借助颜色的反衬作用比较清楚地看到菌体形态，即菌体表面及内部结构着色与背景形成鲜明对比，这样便可在普通光学显微镜下清晰地观察到微生物的形状和结构，而且还可以通过不同的染色反应来鉴别微生物的类型和区分死、活细菌等，因此，微生物染色技术是观察微生物形态结构的重要手段。

（1）简单染色法　利用单一染料对菌体进行染色观察的方法称为简单染色法。将黄酒酒母或发酵液挑取适量在载玻片上的生理盐水中涂抹，使菌液形成均匀薄膜；或将发酵醪液蘸取 1 ~ 2 环直接涂抹在载玻片上涂抹。待自然干燥或用电吹风干燥后，用吕氏美蓝染色 1. 5min。可以用这种方法观察黄酒中乳酸菌。

（2）革兰染色法　革兰染色反应是细菌分类和鉴定的重要手段。它是 1884 年由丹麦医师 Gram 创立的。革兰染色法不仅能观察到细菌的形态而且还可将所有细菌区分为两大类：染色反应呈蓝紫色的称为革兰阳性细菌，用 G^+ 表示；染色反应呈红色（复染颜色）的称为革兰阴性细菌，用 G^- 表示。细菌对于革兰染色的不同反应，是由于它们细胞壁的成分和结构不同而造成的。革兰阳性细菌的细胞壁主要是由肽聚糖形成的网状结构组成的，在染色过程中，当用乙醇处理时，由于脱水而引起网状结构中的孔径变小，通透性降低，使结晶紫 - 碘复合物被保留在细胞内而不易脱色，因此，呈现蓝紫色；革兰阴性细菌的细胞壁中肽聚糖含量低，而脂类物质含量高，当用乙醇处理时，脂类物质溶解，细胞壁的通透性增加，使结晶紫 - 碘复合物易被乙醇抽出而脱色，然后又被染上了复染液（番红）的颜色，因此呈现红色。

黄酒检测中的大肠杆菌检测，需要使用革兰染色，因为其呈阴性，故现红色。容易验证是否为大肠杆菌。

二、酵母菌镜检

1. 酵母菌血球计数板法计数

微生物生长量的计量方法有很多种，对于单细胞的酵母菌（或单细胞的其他微生物），可以采用直接用计数法进行计数，即用计数板在光学显微镜下直接观察细胞并进行计数的方法。

黄酒酿造中，在酒母的检测中，出芽率和酵母数都是通过该方法得到的。但计数板计数不能区别死菌与活菌，所以此方法测得的是总菌数量。

2. 美蓝染色

通过用美蓝染色制成水浸片和水 - 碘水浸片来观察活的酵母形态和出芽生殖方式。美蓝是一种无毒性染料，它的氧化型是蓝色的，而还原型是无色的，用它来对酵母的活细胞进行染色，由于细胞中新陈代谢的作用，使细胞内具有较强的还原能力，能使美蓝从蓝色的氧化型变为无色的还原型，所以酵母的活细胞无色，而对于死细胞或代谢缓慢的老细胞，则因它们无此还原能力或还原能力极弱，而被美蓝染成蓝色或淡蓝色。

因此，用美蓝水浸片不仅可观察酵母的形态，还可以区分死、活细胞。但美蓝的浓度、作用时间等均有影响，应加以注意。黄酒酿造中使用的酒母中，其酵母死亡率是通过该法获得的。

活水是透明无色，死水却发黑。酵母美蓝染色也是这样，活酵母是透明的，死酵母是蓝色的。

三、霉菌的镜检

霉菌自然生长状态下的形态，常用载玻片观察，此法是接种霉菌孢子于载玻片上的适宜培养基上，培养后用显微镜观察。此外，为了得到清晰、完整、保持自然状态的霉菌形态还可利用玻璃纸透析培养法进行观察。此法是利用玻璃纸的半透膜特性及透光性，将霉菌培养在覆盖于琼脂培养基表面的玻璃纸上，然后将长菌的玻璃纸剪取一小片，贴放在载玻片上用显微镜观察。

霉菌菌丝较粗大，细胞易收缩变形，而且孢子很容易飞散，所以制标本时常用乳酸石炭酸棉蓝染色液。此染色液制成的霉菌标本片其特点是：

（1）细胞不变形。

（2）具有杀菌防腐作用，且不易干燥，能保持较长时间。

（3）溶液本身呈蓝色，有一定染色效果。

第二节　平皿检测

一、菌落总数测定意义

黄酒中菌落总数的测定，目的在于了解黄酒在生产中，从原料加工到成品包装受外界污染的情况；也可以应用这一方法观察细菌在黄酒中繁殖的动态，以便对被检样品进行卫生学评价时提供依据。

黄酒在生产过程中，有可能被多种类群的微生物所污染，每种细菌都有它一定的生理特性，培养时应用不同的营养条件及其生理条件（如温度、培养时间、pH、需氧性质等）去满足其要求，才能分别将各种细菌培养出来。但在实际工作中，一般都只用一种常用的方法去做菌落总数的测定，所得结果，只包括一群能在营养琼脂上发育的嗜中温性需氧菌的菌落数。国家标准所规定的菌落总数就是指食品检样经过处理，在一定条件下培养后，所得 1g 或 1mL 检样中所含细菌菌落的总数。

黄酒中菌落总数的多少，直接反映着黄酒的卫生质量。如果成品黄酒中菌落总数多于10万个，就足以引起细菌性食物中毒，当然黄酒中是不可能出现如此极端现象的。但如果人的感官能察觉食品因细菌的繁殖而发生变质时，细菌数已达到10^6 ~ 10^7个/g（mL或cm^2）。食品的变质反映与菌落总数的增多有一定联系，但有时食品中细菌含量很高，即使已达到相当于同种食品已变质时的细菌数，而食品并未有任何变质现象，这种情况也是经常会遇到的。有时食品遭受污染的程度特别严重，食品中虽含有大量的细菌，由于时间短暂或细菌繁殖条件不具备，就见不到变质现象。例如，细菌难以生长的一些干制食品和冰冻食品，它们含有细菌的多少，就可以表明这些食品在生产、运输、贮藏等过程中卫生管理的状况。

从食品卫生观点来看，食品中菌落总数越多，说明食品质量越差，也就应考虑到病原菌污染的可能性越大；当菌落总数仅少量存在时，则病原菌污染的可能性就会降低，或者几乎不存在。在一些菌落总数低的食品中（如瓶装黄酒、罐头食品），曾有细菌繁殖并已产生了毒素，但是由于环境条件的限制使细菌不能延续生长繁殖，而毒素因性状稳定不受环境的影响而仍在食品中保留。这种情况，就不能单凭菌落总数一项指标来评定食品卫生质量的优劣。

还有一些食品，如酸泡菜、发酵乳，发酵过程中的黄酒醪液等发酵制品与在制品，也不能单凭测定菌落总数来确定卫生质量，因为发酵制品本身就是通过微生物的作用而制成的。

根据以上事实，食品中菌落总数的测定对评定食品的新鲜度和卫生质量起着一定的卫生指标作用，但还必须配合大肠菌群的检验和病原菌项目的检验，才能做出比较全面的准确评定。

二、黄酒中菌落总数测定

黄酒中的菌落总数一般用平板培养计数法进行计量，平板菌落计数法是根据微生物在固体培养基上所形成的一个菌落是由一个单细胞繁殖而成的现象进行的，也就是说一个菌落即代表一个单细胞。计数时，先将待测样品做一系列稀释，再取一定量的稀释菌液接种到培养皿中，使其均匀分布于平皿中的培养基内，经培养后，由单个细胞生长繁殖形成菌落，统计菌落数目，即可换算出样品中的含菌数。

菌落总数是指黄酒，尤其是成品黄酒经过处理，在一定条件下培养后，所得1mL检样中所含细菌菌落总数量。菌落总数主要作为判别黄酒被污染程度的参考依据，同时提供成品中细菌的含有量的参考值。

菌落总数并不表示样品中实际存在的所有细菌总数，菌落总数并不能区分其中细菌的种类，所以有时被称为杂菌数、需氧菌数等。

具体做法是，采用无菌吸管，吸取1mL待测样品移入平皿后，及时将凉至46℃的营养琼脂培养基，或放置在46℃水浴锅内保温中的培养基，注入平皿

15～20mL,并转动平皿使其混合均匀。待琼脂凝固后，翻转平皿，置37℃恒温箱内培养48h取出，观察平皿内菌落数目，乘以稀释倍数，即得1g（1mL）样品所含菌落总数。

平板菌落计数测定黄酒中的菌落总数，均采用中温培养，特别是直接供食用的成品黄酒，根据食品卫生的要求，须严格防止消化道传染病病原菌和黄酒中病原菌污染，这些病原菌都属于嗜温性菌，因而测定细菌数时，采用中温培养便显得比较合理。

平板培养计数法，只能检出生长的活菌，不能捡出黄酒中全部的细菌数，总是比实际生存在黄酒中的细菌数要少。这是因为黄酒中存在多种细菌，它们的生活特性各异，不可能在统一培养条件下，指定的时间内全部生长出来。因此在新制定的GB 2758—2012《食品安全国家标准 发酵酒及其配制酒》，已经取消了菌落数测定。

但是，仍能借此评定成品黄酒被细菌污染的程度，所以目前一般黄酒生产企业仍作为内控指标在执行。

第三节　发酵检测

黄酒发酵是一个边糖化边发酵的过程，过程中不断生成乙醇及CO_2，CO_2除逃逸外，尚有部分溶解于发酵醪中。通过测定发酵过程中CO_2的生成量和最终产物酒精的生成量可知酵母的发酵能力。

酵母菌发酵力的大小关系到生产的效益。如果发酵力过低会影响酒的质量和使成品酒的成本提高。测定酵母菌发酵力的方法很多，简便易行的有发酵瓶法与糖度法。

一、酒母的培养

制取浓度为12°Bx的米曲汁。分别制成试管斜面和液体培养基，制取13°Bx的米曲汁和17°Bx的米曲汁，分别制成三角瓶扩大培养液（pH 4.1～4.5）和发酵培养液。然后接种，进行逐级扩大培养。

酒母质量的检查：镜检时要求形态整齐，细胞内原生质稠密，无空泡，无杂菌。细胞数0.8～1.0亿/mL，出芽率18%以上，死亡率小于2%，酒母液酸度3.5～4.5g/L。

二、试发酵

将培养成熟的酒母以无菌操作接入盛有米曲汁的发酵瓶内，接种量为10%。于30℃培养68～72h。

三、失重的测定

培养前将发酵瓶置于天平上称重，记下重量为 W_1。培养结束后，取出发酵瓶，并轻轻摇动，使 CO_2 尽量逸出。在天平上称重，记下重量为 W_2。那么 CO_2 生成量为 $W_1 - W_2$。

现在某些发酵罐，具备红外线 CO_2 检测功能，能自动分析罐内 CO_2 的含量，为 CO_2 检测带来便利。

四、酒精度的测定

首先按图 6－1 装好蒸馏装置。用 100mL 容量瓶准确量取待测样品 100mL，然后加入到 500mL 标准圆底烧瓶内，并吸取 100mL 的水倒入容量瓶中，洗涤 3 次后，倒入烧瓶内。用电炉加热，馏出液收集于 100mL 容量瓶中，待馏出液达到刻度时，立即取出容量瓶摇匀，然后倒入 100mL 量筒。将酒度表和温度计同时插入量筒，测定酒精度和温度。

根据测得的酒精度和温度，查酒精计温度换算表得到 20℃时的酒精度。

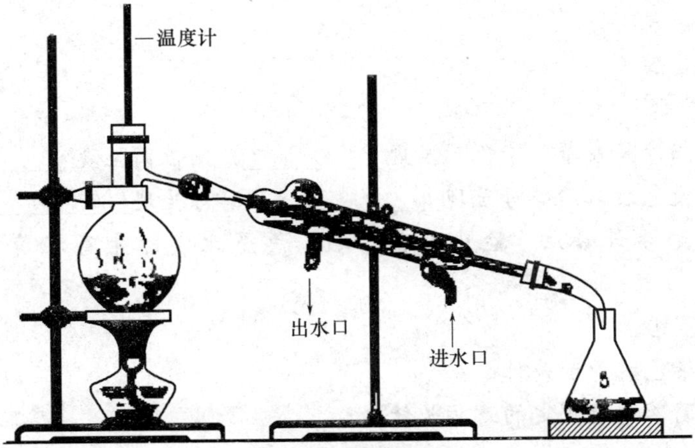

图 6－1 酒精蒸馏装置

五、发酵度的测定

发酵度表示糖分被酵母发酵的强弱程度。将未蒸馏的发酵液倒入 100mL 量筒中，冷却至室温，测定剩余糖度为 m，原糖液的糖度为 E，则：

$$\text{发酵度} = \frac{E - m}{E} \times 100\%$$

其中 m 并不表示真正的糖度，因为发酵液中有酒精存在，测得的糖度比实际糖度低，故称为“表观发酵度”。

真发酵度的测定是将蒸馏后的发酵液（残液）倒入量筒中，用蒸馏水补至100mL，然后测其糖度为C，则：

$$真发酵度 = \frac{E - C}{E} \times 100\%$$

发酵力计算公式：按方程式计算：

$$C_6H_{12}O_6 \longrightarrow 2C_2H_5OH + 2CO_2$$

上式每100g糖理论上乙醇产量为：

$$\frac{92.12 \times 100}{180.15} = 51.14\%$$

$$发酵力（100\%）= \frac{实际生成的酒精度（酒精度 \times 相对密度）}{理论生成的酒精度（E \times 0.511）} \times 100\%$$

思考题

一、名词解释

1. 条件致病菌
2. 菌落总数
3. 表观发酵度

二、填空题

1. 革兰阳性菌在革兰染色后呈现__________，阴性菌呈现__________。
2. 美蓝染色后，活酵母呈现__________，死酵母呈现__________。
3. 平板培养计数法，检出的菌落数，总是比实际生存在黄酒中的细菌数__________。

三、简答题

1. 革兰染色的原理是什么？
2. 黄酒菌落总数测定的意义是什么？

实训十　黄酒成品酒中菌落总数测定

一、目的要求

1. 学习并掌握细菌的分离和活菌计数的基本方法和原理。
2. 了解菌落总数测定在对被检样品进行卫生学评价中的意义。

二、实训原理

检样经过处理，在一定条件下培养后（如培养基成分、培养温度和时间、

pH、需氧性质等)，所得1mL（或1g）检样中形成菌落的总数。本方法规定的培养条件下所得结果，只包括一群在平板计数琼脂上生长发育的嗜中温需氧菌或兼性厌氧菌的菌落总数。

三、实训器材

1. 材料

胰蛋白胨，酵母膏，葡萄糖，琼脂，磷酸缓冲液，生理盐水。

2. 器具

恒温培养箱，恒温水浴锅，天平，无菌吸管：1mL（具0.01mL刻度)、10mL（具0.1mL刻度）或微量移液器及吸头，无菌锥形瓶：250mL、500mL，无菌培养皿：直径90mm，放大镜或（和）菌落计数器。

四、实训步骤

1. 培养基制备

平板计数琼脂培养基：胰蛋白胨5.0g；酵母浸膏2.5g；葡萄糖1.0g；琼脂15.0g；蒸馏水1000mL；pH 7.0 ±0.2。

将上述成分加于蒸馏水中，煮沸溶解，调节pH。分装试管或锥形瓶，121℃高压灭菌15min。

2. 检样稀释

(1) 以无菌吸管吸取25mL样品放于盛有225mL磷酸盐缓冲溶液或生理盐水无菌锥形瓶（瓶内预置适当数量的玻璃珠）中，充分混匀，制成1:10的样品匀液。

(2) 用1mL无菌吸管吸取1:10样品匀液1mL，沿管壁缓慢注于盛有9mL稀释液的无菌试管中（注意吸管尖端不要触及管内稀释液面)，振摇试管或换用一支无菌吸管反复吹打使其混合均匀，做成1:100的样品匀液。

(3) 按（2）操作程序，制备10倍系列稀释样品匀液。每递增稀释一次，换用1支1mL无菌吸管。

(4) 根据对样品污染状况的估计，选择2~3个适宜稀释度的样品匀液（液体样品可包括原液)，在进行10倍递增稀释时，每个稀释度分别吸取1mL样品匀液加入两个无菌平皿内。同时分别取1mL稀释液加入两个无菌平皿作空白对照。

(5) 及时将15~20mL冷却至46℃的平板计数琼脂培养基（可放置于46℃±1℃水浴箱中保温）倾注平皿，并转动平皿使其混合均匀。

3. 培养

(1) 待琼脂凝固后，翻转平板，36℃±1℃培养48h±2h。

(2) 如果样品中可能含有在琼脂培养基表面弥漫生长的菌落时，可在凝固后的琼脂表面覆盖一薄层琼脂培养基（约 4mL），凝固后翻转平板，按（1）条件进行培养。

4. 菌落计数

可用肉眼观察，必要时用放大镜或菌落计数器，记录稀释倍数和相应的菌落数量。菌落计数以菌落形成单位（colony - forming units，CFU）表示。

（1）选取菌落数在 30～300CFU、无蔓延菌落生长的平板计数菌落总数。低于 30CFU 的平板记录具体菌落数，大于 300CFU 的可记录为多不可计。每个稀释度的菌落数应采用两个平板的平均数。

（2）其中一个平板有较大片状菌落生长时，则不宜采用，而应以无片状菌落生长的平板作为该稀释度的菌落数；若片状菌落不到平板的一半，而其余一半中菌落分布又很均匀，即可计算半个平板后乘以 2，代表一个平板菌落数。

（3）当平板上出现菌落间无明显界线的链状生长时，则将每条链作为一个菌落计数。

五、实训结果

1. 菌落总数的计算方法

（1）若只有一个稀释度平板上的菌落数在适宜计数范围内，计算两个平板菌落数的平均值，再将平均值乘以相应稀释倍数，作为每克（或毫升）中菌落总数结果。

（2）若有两个连续稀释度的平板菌落数在适宜计数范围内时，按下式计算：

$$N = \sum C/(n_1 + 0.1n_2)d$$

式中 N——样品中菌落数

$\sum C$——平板（含适宜范围菌落数的平板）菌落数之和

n_1——第一个适宜稀释度平板上的菌落数

n_2——第二个适宜稀释度平板上的菌落数

d——稀释因子（第一稀释度）

示例：

稀释度	1:100（第一稀释度）	1:1000（第二稀释度）
菌落数	232，244	33，35

$$N = \sum C/(n_1 + 0.1n_2)d$$

$$= \frac{232+244+33+35}{[2+(0.1\times 2)]\times 10^{-2}} = \frac{544}{0.022} = 24727$$

上述数据经“四舍五入”后，表示为 25000 或 2.5×10^4。

（3）若所有稀释度的平板上菌落数均大于 300，则对稀释度最高的平板进行计数，其他平板可记录为多不可计，结果按平均菌落数乘以最高稀释倍数计算。

（4）若所有稀释度的平均菌落数均小于30，则应按稀释度最低的平均菌落数乘以稀释倍数计算。

（5）若所有稀释度（包括样品原液）平板均无菌落生长，则以小于1乘以最低稀释倍数计算。

（6）若所有稀释度的平板菌落数均不在30～300，其中一部分小于30或大于300时，则以最接近30或300的平均菌落数乘以稀释倍数计算。

2. 菌落总数的报告

（1）菌落数在100以内时，按“四舍五入”原则修约，采用两位有效数字报告。

（2）大于或等于100时，第三位数字采用“四舍五入”原则修约后，取前两位数字，后面用0代替位数；也可用10的指数形式来表示，按“四舍五入”原则修约后，采用两位有效数字报告。

（3）若所有平板上为蔓延菌落而无法计数，则报告菌落蔓延。

（4）若空白对照上有菌落生长，则此次检测无效。

（5）体积取样以CFU/mL为单位报告。

六、思考题

1. 菌落总数的概念是什么？
2. 测定食品中的菌落总数有什么重要意义？
3. 请详细论述食品中菌落总数的测定方法。
4. 怎样用不同的方法测定活菌制剂中的双歧杆菌？
5. 活菌计数法测定食品中的菌落数有何优缺点？

实训十一　黄酒中大肠杆菌菌群数测定

一、目的要求

1. 掌握黄酒中MPN法大肠杆菌的计数。
2. 理解大肠杆菌的生物学特性，以及实验工作流程和相关原理。

二、实训原理

大肠菌群即在36℃条件下培养48h能发酵乳糖、产酸产气的需氧和兼性厌氧的革兰阴性无芽孢杆菌群。该菌主要来源于人畜粪便，故以此作为粪便污染指标来评价食品的卫生状况，推断食品中肠道致病菌污染的可能。

三、实训器材

1. 材料

胰蛋白胨，氯化钠，乳糖，磷酸氢二钾，磷酸二氢钾，月桂基硫酸钠 ，蛋白胨，牛胆粉溶液，0.1%煌绿水溶液，酵母膏，胆盐，中性红，结晶紫，琼脂，1mol/L 氢氧化钠或1mol/L 盐酸，磷酸盐缓冲液，生理盐水。

2. 器具

恒温培养箱，恒温水浴锅，天平，无菌吸管：1mL（具0.01mL刻度）、10mL（具0.1mL刻度），无菌锥形瓶：500mL，无菌玻璃珠：直径约5mm，无菌培养皿：直径90mm。

四、实训步骤

1. 培养基制备

（1）月桂基硫酸盐胰蛋白胨（lauryl sulfate tryptose，LST）肉汤　胰蛋白胨或胰酪胨20.0g；氯化钠5.0g；乳糖5.0g；磷酸氢二钾（K_2HPO_4）2.75g；磷酸二氢钾（KH_2PO_4）2.75g；月桂基硫酸钠0.1g；蒸馏水1000mL；pH 6.8±0.2。

将上述成分溶解于蒸馏水中，调节pH。分装到有玻璃小倒管的试管中，每管10mL。121℃高压灭菌15min。

（2）煌绿乳糖胆盐（BGLB）肉汤　蛋白胨10.0g；乳糖10.0g；牛胆粉溶液200mL；0.1%煌绿水溶液13.3mL；蒸馏水800mL；pH 7.2±0.1。

将蛋白胨、乳糖溶于约500mL蒸馏水中，加入牛胆粉溶液200mL（将20.0g脱水牛胆粉溶于200mL蒸馏水中，调节pH至7.0～7.5），用蒸馏水稀释到975mL，调节pH，再加入0.1%煌绿水溶液13.3mL，用蒸馏水补足到1000mL，用棉花过滤后，分装到有玻璃小倒管的试管中，每管10mL。121℃高压灭菌15min。

（3）结晶紫中性红胆盐琼脂（VRBA）　蛋白胨7.0g；酵母膏3.0g；乳糖10.0g；氯化钠5.0g；胆盐或3号胆盐1.5g；中性红0.03g；结晶紫0.002g；琼脂15～18g；蒸馏水1000mL；pH 7.4±0.1。

将上述成分溶于蒸馏水中，静置几分钟，充分搅拌，调节pH。煮沸2min，将培养基冷却至45～50℃倾注平板。使用前临时制备，不得超过3h。

2. 检样稀释

（1）以无菌吸管吸取检样25mL放于含有225mL灭菌生理盐水或磷酸盐缓冲液的灭菌锥形瓶内（瓶内预置适当数量的玻璃珠），经充分混匀，制成1∶10的样品稀释液。

（2）样品匀液的pH应在6.5～7.5，必要时分别用1mol/L氢氧化钠（NaOH）或1mol/L盐酸（HCl）调节。

（3）用1mL灭菌吸管吸取1∶10样品匀液1mL，沿管壁缓缓注入含有9mL灭菌生理盐水或磷酸盐缓冲液的试管内（注意吸管尖端不要触及稀释液面），振摇试管或换用1支1mL无菌吸管反复吹打，使其混合均匀，做成1∶100的样品匀液。

(4) 根据对检样污染情况的估计，按上述操作，依次制成10倍递增系列稀释样品匀液。每递增稀释1次，换用1支1mL无菌吸管。从制备样品匀液至样品接种完毕，全过程不得超过15min。

3. 初发酵试验

每个样品，选择3个适宜的连续稀释度的样品匀液（液体样品可以选择原液），每个稀释度连续接种3管月桂基硫酸盐胰蛋白胨（LST）肉汤，每管接种1mL（如接种量超过1mL，则用双料LST肉汤），36℃ ±1℃培养24h ±2h，观察倒管内是否有气泡产生，如未产气则继续培养至48h ±2h，记录在24h和48h内产气的LST肉汤管数。未产气者为大肠菌群阴性，产气者则进行复发酵试验。

4. 复发酵试验

用接种环从所有48h ±2h内发酵产气的LST肉汤管中分别取培养物一环，移种于煌绿乳糖胆盐（BGLB）肉汤管中，36℃ ±1℃培养48h ±2h，观察产气情况。产气者，计为大肠菌群阳性管。

五、实训结果

根据大肠菌群阳性的管数，查MPN检索表，报告每克（或毫升）样品中大肠菌群的MPN值。

六、思考题

1. 判别大肠菌群的依据是什么？
2. 为什么大肠菌群可作为水源污染的指示菌？

拓展阅读

食品卫生与安全

当今世界，食品卫生安全事件时有发生，对人类生存产生了较大的危害。食物中毒中常见有细菌性中毒、化学性中毒、动植物性食物中毒及人为投毒。细菌性食物中毒主要是由沙门菌、金黄色葡萄球菌肠毒素、致病性大肠杆菌等引起的。

2011年7月，食品安全部门检验出批次号为20110628106A的思念牌三鲜水饺含有金黄色葡萄球菌，该病菌可引发肺炎甚至败血病。该公司对该批次产品做出下架处理，并接受相关部门的罚款处理。

金黄色葡萄球菌食物中毒主要是由其产生的致病性肠毒素导致的，速冻米面制品在-18℃以下保存时，不利于金黄色葡萄球菌繁殖和产生肠毒素。国际食品微生物标准委员会根据致病菌及其致病风险，将金黄色葡萄球菌列为一般性危害致病菌，通常采用三级采样方案。因此速冻食品GB 19295—2011中对于金黄色葡萄球菌的要求较上一版本有所调整，同时也调整了沙门菌规定，删除志贺菌规定，取消霉菌指标，修订了标准中的菌落总数、大肠菌群等指标。

2012 年 6 月，香港消费者委员会对 36 款东方风味的酒类饮品样本进行了测试，结果显示，绍兴酒样本的氨基甲酸乙酯（EC）含量为 0.08 ~ 0.26mg/kg；糯米酒样本为检不出至 0.07mg/kg；梅酒样本为 0.01 ~ 0.15mg/kg。国际癌症研究机构对 EC 评估，将其由第 2B 组（“或可能令人类患癌的物质”）改为第 2A 组（“可能令人类患癌的物质”）。所以，有人据此认为含 EC 的黄酒“致癌”。

酒类发酵过程中，酵母能代谢少量的尿素进入酒体。酒体贮存时，尿素与乙醇继续反应，生成 EC。黄酒中 90% 的 EC 据此生成，且随贮存年份增加而增加。酒类中 EC 含量有高有低，但普遍存在。国际上对食品及酒类的 EC 含量控制规定各不相同，以水果白兰地为例，加拿大要求 EC 小于 400μg/L，法国、德国和瑞士的上限规定分别是 1000μg/L、800μg/L 和 1000μg/L。黄酒中的 EC 含量远低于水果白兰地酒的限量标准。香港理工大学客座副教授梁嘉声认为，以黄酒中 EC 的含量，即使喝到酒精中毒，EC 都未必达到对健康造成伤害的程度。

2013 年 8 月，新西兰恒天然公司向新西兰政府通报，该公司 2012 年 5 月产的浓缩乳清蛋白粉自检出肉毒杆菌，受污染产品总量 40t。新西兰 NUTRICIA 旗下的凯瑞康第一时间做了预防性召回，但明确说明，检测中没有发现问题，不过以防万一还是进行了召回。8 月 28 日，新西兰初级产业部发布公告称，未在恒天然原料中检出肉毒杆菌和肉毒毒素，并称新西兰奶粉没有食品安全问题。

肉毒杆菌因为感染的机会很少，病毒排查花费时间久，因此肉毒杆菌不是常规检测项目，目前在乳品主要生产国家不检测肉毒杆菌。

2014 年 9 月，韩国仁川亚运会餐盒检出沙门菌，导致部分运动员空腹参加比赛。

沙门菌是经食物传播引起人类肠道疾病的主要食源性致病菌之一，在世界范围内几乎所有即食食品和大部分过程标准中均将沙门菌列为限量指标。沙门菌广泛分布于自然界，通常寄居在人或动物肠道内，可通过粪便污染环境和动物制品，动物和动物性食品是人感染沙门菌的重要来源。沙门菌引起食物中毒的症状以急性肠胃炎为主，但重者可出现痉挛、脱水和休克等症状甚至导致死亡。然而，沙门菌对热耐受力较差，超过 100℃ 立即死亡。

微生物食品安全事件频频出现，大部分微生物食品安全问题的发生是由原料不洁，加工当中交叉污染，食品储藏方式不当等原因引起的。目前，政府也加强了食品安全标准的修订和食源性疾病和报告体系。但是主要还是应通过技术手段改进检测方法，加强对常见的致病菌的检测，做到准确快速地反映食品污染情况，才能保证食品安全。

参考文献

1. 宋超先．微生物与发酵基础教程．天津：天津大学出版社，2007.
2. 胡普信．中国酒文化概论．北京：中国轻工业出版社，2014.
3. 胡普信．黄酒酿造技术．北京：中国轻工业出版社，2014.
4. 邓毛程．微生物工艺技术．北京：中国轻工业出版社，2011.
5. 刘冬．发酵工程．北京：高等教育出版社，2007.
6. 傅金泉．中国酿酒微生物研究与应用．北京：中国轻工业出版社，2008.
7. 翁连海．食品微生物基础与应用．北京：高等教育出版社，2010.
8. 黄高明．食品检验工（中级）．北京：机械工业出版社，2005.
9. 李钟庆．综观红曲与红曲菌．北京：中国轻工业出版社，2009.
10. 李平凡．淀粉糖与糖醇加工技术．北京：中国轻工业出版社，2012.
11. 赵英善［韩］，张海卿等译．奇妙的细菌．合肥：安徽科学技术出版社，2012.
12. 俞俊棠．生物工艺学．北京：化学工业出版社，2005.
13. 周德庆．微生物学教程．北京：高等教育出版社，2011.
14. 沈萍．微生物学实验．北京：高等教育出版社，2007.
15. 杨艳芳．微生物分析．北京：化学工业出版社，2009.
16. Lynne Mclandsborough，张柏林等译．食品微生物学指导．北京：中国轻工业出版社，2007.
17. Harley. J. P.，谢建平等译．图解微生物实验指南．北京：科学出版社，2012.